作者简介

AUTHOR INTRODUCTION

仲诗湘

工商管理硕士

现任天九共享控股集团高级副总裁

1989 年入伍，先后从事军队基层军政管理、后勤机关保障、政治机关干部管理工作。历任排长、装备助理、副连长、政治指导员、干部股代股长。12 年军旅生活，练就军人雷厉风行的工作作风，不断锤炼自己，提升自身素质。1999 年因工作突出荣立三等功。

2000 年加盟天九共享控股集团，历任监察室主任，数据中心副总经理，数据中心总经理兼文化公司总经理，集团行政中心主任，客服管理中心主任，监察中心总经理，集团高级副总裁兼监事会副主席，集团拟上市主体监事会主席等职。因在工作中表现出色，入司后连续 3 年被评为优秀员工，入司第 4 年荣获“ 天九终身员工 ”称号。此后连续 12 年被评为优秀高级管理者，并先后获得天九创新大赛诸葛奖、天九创业功勋奖等荣誉。在 20 余年的企业经营管理过程中，努力钻研企业经营管理之道，打造学习型团队，从提升团队整体素质入手，促进各项工作高质高效地落实，有力地推动了企业发展。

RECOMMENDATION

推荐语

本书以“价值创造”与“幸福人生”为主要视角，结合作者多年的企业管理经验、生活阅历和专业实践，力图从不同角度梳理和总结正确的健康理念和保健方案，这有助于国民提升身体素质。作者还在此基础上力图探讨客观存在的人生观与世界观，提出指导性建议，引导大众向善向上，成就幸福人生，选题意义显然。

作者重视理论与实践的结合、过程管理与目标管理的融合，尝试依托现当代重要科学发现和理论成果理解日常生活中的价值创造规律与健康维护方案，颇具理论与实践意义。该书研究问题明确，理论框架清晰，论证过程合理，策略建议周详，相信是一个受读者欢迎的优秀图书选题。

中国人民大学博士生导师 王树良

幸福，是一种能够长期存在的平和、满足、舒畅的精神状态。但幸福必须建立在健康的基础之上。有人说幸福离不开财富，但一个病痛缠身的人，即使富可敌国，也没有能力和心情去享受财富带来的快乐。因此，如何获得健康成为大众最关心的问题。作者详略得当又深入浅出地论述了如何通过全面均衡的营养、健康的生活方式和豁达平和的心态来保证和维护健康，告诉读者如何遵守自然规律，顺势而为，应该怎样吃、怎样做、怎样想，让自己保持积极乐观的心态和身心灵和谐，保持最佳的健康状态。本书是一部值得一读的好书。

北京中医药大学原校长、教授、博士生导师 高思华

修远

直面人生十大问题

仲诗湘/著

企业管理出版社
ENTERPRISE MANAGEMENT PUBLISHING HOUSE

图书在版编目（CIP）数据

修远：直面人生十大问题 / 仲诗湘著 . -- 北京：企业管理出版社，2023.1

ISBN 978-7-5164-2754-5

Ⅰ . ①修… Ⅱ . ①仲… Ⅲ . ①自我管理—通俗读物
Ⅳ . ① C912.1-49

中国版本图书馆 CIP 数据核字（2022）第 214231 号

书　　名：修远——直面人生十大问题
书　　号：ISBN 978-7-5164-2754-5
作　　者：仲诗湘
策　　划：朱新月
责任编辑：解智龙　曹伟涛
出版发行：企业管理出版社
经　　销：新华书店
地　　址：北京市海淀区紫竹院南路 17 号　**邮　　编：**100048
网　　址：http://www.emph.cn　**电子信箱：**zbz159@vip.sina.com
电　　话：编辑部（010）68487630　发行部（010）68701816
印　　刷：北京博海升彩色印刷有限公司
版　　次：2023 年 1 月第 1 版
印　　次：2023 年 1 月第 1 次印刷
开　　本：710mm × 1000mm　1/16
印　　张：16.5 印张
字　　数：206 千字
定　　价：78.00 元

序

“为天地立心，为生民立命，为往圣继绝学，为万世开太平（出自张载《横渠语录》）”激励着一代代优秀的中华儿女励志成才，这是中华民族5000年悠久文化的“根”，也是中华民族实现伟大复兴中国梦的“魂”。一个偏远农村的放牛娃，在食不果腹、缺衣暖体的条件下，从小就备感生活的艰辛与不易，但他没有向困难屈服，而是在逆境中愈挫愈勇，誓用努力与拼搏改变自身的命运。他通过勤奋拼搏，一次次跨越了阻挡在自己人生前进道路上的鸿沟，逐步成为一名对社会有用之才：在部队是一名工作勤奋、虚心好学、尽职尽责的好战士，是一名政治合格、军事过硬、作风优良、纪律严明、保障有力的指挥员；在社会主义市场经济建设的浪潮中，他凭借自身超凡的学习力与毅力，紧跟时代步伐，逐步从一名基层管理者成长为企业高管，为企业的发展与社会经济建设做出了应有的贡献。他勤奋好学，努力践行“在平凡的岁月，不甘于平庸”的诺言；他只争朝夕，用青春与热血书写不负光阴的人生；他博览群书，用所学智慧卓有成效地解决了工作和生活中所遇到的问题。

作者“少年立志，让青春插上理想的翅膀；中年立业，干成几件想干且有益于他人与社会的事；晚年立言，留几句经典的话语，成为人们茶余饭后的谈资”的人生三立精神实属可贵。若我华夏人人如此，若千千万万的企业员工都能如此，弘扬“自强不息、厚德载物”的精神，都能立足本职、尽好本责、干好本位，何愁不能实现个人成就、家庭幸福、社会繁荣、国家昌盛、民族伟业！

《修远》一书所谈论的人生话题大到世界观、人生观、价值观，中到做事方略，小到微观方法与技巧，涉及经营管理、身心健康、文化修养、人际关系、团队建设、人格魅力等多方面认知理念与具体方法。全书每个章节针对困扰人生的不同问题，采取“是什么，为什么，怎么办”三部曲手法，清晰明确地回答了这些问题，通过理论联系大量事实案例的解读，使所归纳倡导的理论、理念、方法通俗易懂，并有非常强的操作性，这无疑为身处逆境之中的困惑者点亮了一盏明灯。

中华民族正迈向伟大复兴之路，当今世界正处于百年未有之大变局。在这样的背景下，任何思想不坚定、方向不明确、人生信仰的缺失、对古圣先贤文明智慧的漠视，都无益于社会的发展与国家的稳定。作者将“读好书、做好人、干好事”作为本书的出发点与落脚点，其用意深远，在文中写道“史家绝唱《史记》的作者司马迁，在李陵事件中因直言而受腐刑，面对残酷的刑罚，司马迁痛苦到了极点，但他此时没有怨恨，也没有害怕，他只有一个信念，那就是一定要活下去，一定要把《史记》写完，在《史记》的写作过程中他力求真实、爱憎分明，本着对历史负责、对社会负责的态度，最终完成了史家绝唱《史记》，与其说《史记》是一本史家绝唱，还不如说司马迁本人就是一本绝世之书”。字如其人，笔迹读心；文如其人，诗言其志。相信此书的出版定能造福大众，排除人生困惑，看清道路方向，迈出坚定步伐，拥有健康的身心，拥抱幸福的生活，成就精彩的人生！

天九共享控股集团董事局主席　**卢俊卿**

自序

修远

我小的时候，家里很穷，衣不遮体、食不果腹是童年时期最真实的写照。在那个时候最幸福的事是望眼欲穿地盼春节，年三十会有一顿饱饭和平时很难吃到的油荤。小学五年级的时候我就到了离家 10 里地的乡上去读书，因家中缺粮，中午很难得蒸一次饭，当看到那些家中有人在外工作，中午能吃上饭或是到乡上的小馆吃上一碗面条的同学，心中好生羡慕，也好期待我家有一天也能过上那样的生活。

记得 1986 年农历 7 月，正值盛夏，我前往距家 40 多里地的元坝区批发药物（那时叔父已是远近闻名的赤脚医生，我已随他习医三年了，由于用药量大，一般每月要去元坝区购买两次药物）。由于长途步行，又没钱吃饭，引发了低血糖休克，我凭着毅力坚持走到区公所。本想在电话室隔壁的房间休息一下，不料平日大多闲置不用的房间，那日却正在开会，我见状只能往回走，不料转身后双腿如烂泥般无力，整个人便瘫软在地，不能言语。昏迷之中，我听到一个声音焦急地说道：“快拿糖水来”，当一大搪瓷杯白糖水喝下，我慢慢苏醒过来，后来得知当时救我的是恩人杨晓俐。

面对贫穷与困难，我在父母平常的唠叨中，感受到他们对我未来的期望:“一个孩子要勤快,要有出息,将来才会有好生活”,就是在这样的环境中,我在老家闯荡了二十余年，仍无法改变贫穷的现状，到了谈婚论嫁的年龄，很多不错的姑娘都因为我家里穷而无缘牵手。17 岁那年，在亲戚的介绍下，我谈了一个对象，相处了近 6 年时间，到了 1989 年春节，父母向女方家长提出下半年结婚一事,却遭到了对方的反对,说孩子年龄小,家中房子未盖好,结婚的事以后再说。其实当时农村男孩子 20 岁结婚多得是，况且 1989 年底我已是 22 岁了，真正的原因与年龄无关。在那种情况下，可谓是万般无奈，但人生就是“柳暗花明又一村”，春节过后不久，部队招兵，我便把这次当兵作为走出穷山沟的最后一线希望，几经周折，最后应征入伍，当兵离开家乡的那天，我到老人的坟前，立下誓言，不混出个人样就决不回来。

到了部队，除了工作，还是工作，无论是军事训练，还是政治学习，无论是军农生产，还是军民共建，我都全力以赴做好当下的事情，决不放过每一次树立自己积极肯干、能吃苦、愿拼搏形象的机会。或许功夫不负有心人，当兵第三年，我如愿进入了中国人民解放军昆明陆军指挥学院，成为一名军校学员。由于刻苦与努力，从军校出来后正式成为一名军队基层干部。在接下来的三年里，从排长到副连，再从副连到正连，每次都是提前晋职，直至 1999 年年底，我申请复员到地方，参与到市场经济建设浪潮之中，实现了从少年立志到中年立业的转变。

在人生前进的路上，我始终相信勤能补拙，用行动去创造机会；始终相信智慧的力量，坚持点滴积累，再到融会贯通，让自己充满自信；始终坚信正能正果，自觉用良知去规范自己的行为。通过自己的努力，无论是生活环境，还是思想认知，都有了显著的变化。但在前行中我也遭遇了不少挫折与困惑，正是这些挫折与困惑让自己有所成长；人生没有苦难，就没有坚忍与成长；没有努力，就没有激情与认同。随着社会的发展，今天的生活日益富足，房间内有空调控温，外出有车代步，出差有高铁、飞机，累了有保健按摩……日益富裕和优雅的生活，既躁动又平静，既较真又妥协，既激情又温和。我相信美好的明天需要靠自己去创造，无论环境如何改变，社会要向前发展，每个人都要主动适应优胜劣汰的自然法则，当我们面临困难与挫折时，还能不能保持不屈不挠的精神？当我们处在无人响应的谷底时，是等待求援还是寻路攀登？当我们站在万众瞩目的辉煌巅峰时，是纸醉金迷还是谦虚前行？我深深地知道如果丧失了斗志，就没有了价值创造，生命的意义将变得模糊不清。什么都可以替代，唯有行动没法替代，幸福人生是一个创造过程，谁都无法替代他人。成长是个永恒的话题，个人的幸福、国家的强盛、民族的复兴呼唤着全民的自觉成长。

回首自己所走过的路，我心里始终充满着感动与感恩。一生勤劳善良的父母，脸朝黄土背朝天，含辛茹苦把我抚养成人，让我感受到家人情深与生活的不易；救命恩人杨晓俐，让我感受到人间自有真情在，那句“快拿糖水来”是我听到的最动听、最温暖、最感人的声音；在军旅生涯中，那些在关键时候不遗余力帮助过我的人，如黄国祖政委、张勇参谋长、陈磊股长、冉隆贵医生、刘奉平医生、董怀强排长……他们在我成长过程中给予了指点和无私的帮助，如同人生道路上的一盏明灯，照亮我前进的方向；还有那些一同入伍的战友，如陈德全、宋毅、罗明锦、冉勇、韩成、郑勇、何全金、邓万发……我在部队遇到困难时他们总会施予援手，浓浓的情、深深的义，就像亲兄弟一般，这些感动一直激励着我要诚实守信做人、踏踏实实做事。我也经常在思考人生最重要的三件事情——少年立志，中年立业，老年立言。如今出版《修远》，一是基于屈原“路漫漫其修远兮，吾将上下而求索”的为寻找理想的人生之路而百折不挠的精神所激励；二是基于对父母养育之恩的报答，对帮助过我的恩人、领导、亲人、战友、朋友的感恩；三是基于在艰苦岁月的磨砺中，自己也曾走过不少弯路，经历过不少挫折，力求后人能从中吸取一些经验教训，让那些为远大理想而奋斗的人少走一些弯路，更有效地实现自己的理想,为国家的强盛和社会的发展充分发挥自身价值与作用,让亲人和朋友为他们感到自豪。我本着做一块“垫脚石”的初心出版此书,虽能力有限,但字里行间流露的是纯朴的助人之意,不妥之处还望读者朋友指教,授人以渔,造福于人,一同为中华民族的伟大复兴而奋斗!

目录

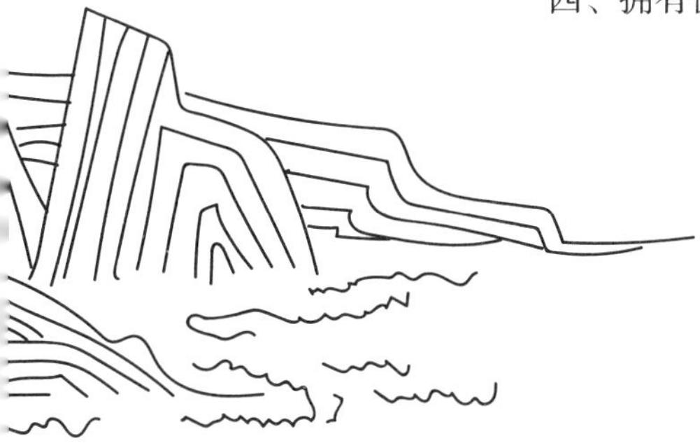

第一章

世界观、人生观、价值观

思想是行为的先导。一个人的世界观、人生观、价值观是思想的总开关，也是行动的总开关。一个人的世界观、人生观、价值观的改变是一种根本的改变，相同的环境、相同的事物作用于不同思想的人，其结果也不尽相同，即有什么样的“三观”，就有什么样的认知和行为，也就有怎样的结果。

一、什么是世界观、人生观和价值观

世界观是哲学的朴素形态，也叫宇宙观，是指人们对整个世界总的根本的看法，是人们对世界的本质和各种关系以及世界上的一切事物的根本观点。世界观建立在一个人对自然、人生、社会与精神的系统的、科学的、丰富的认识基础上，它包括自然观、社会观、人生观、价值观。世界观不仅仅是认识问题，还包括坚定的信念和积极的行动。

世界观的基本问题是精神和物质、思维和存在的关系问题，根据对这两个问题的不同回答，可将它划分为两种根本对立的世界观基本类型，即唯心主义世界观和唯物主义世界观。

世界观一旦形成，就对人的活动起着支配和决定作用。每个人都有自己的世界观，由于人们的社会实践水平、历史发展阶段、知识结构以及思维方式的不同，认识也会有所不同。又因人们的根本利益、社会地位以及对社会发展、人生追求的看法和态度有所不同，便形成了不同的世界观。在过去，一个人的阶级立场、阶级属性很大程度上决定着一个人的世界观；而在当下的市场经济条件下，自由竞争、公平效益对个人的世界观又产生了很大的影响。社会存在决定社会意识，有什么样的社会存在，就有什么样的世界观。

人生观是一个人对人生目的和意义的根本看法和态度。人生观是世界观在人生领域的一种延伸、一种体现，是世界观的重要组成部分，是由世界观决定的，是世界观在人生问题上的体现。一般来说，人生观的基本内容包括三个方面：**一是人生目的**，即：为什么活着？或者活着为什么？**二是人生态度**，即持有积极的人生态度还是消极的人生态度？及时行乐还是努力奉献？**三是人生评价**，即做一个有益于社会和他人的人还是仅有益于自己的人？这些构成了人生观的基本内容。而我们通常讲的幸福观、苦乐观、荣辱观、生死观等都是人生观更为具体的展开，也属于人生观的范畴，用一个很形象的公式来表述：正确的人生观 = 意义 + 快乐 + 健康。意义是指生命的意义，人生的意义在于价值的创造与对他人和社会的奉献；要实现人生的意义，必须要有积极向上的心态。有了良好的心态，才能正确面对人生所遇到的困难与挫折，使人保持一个豁达乐观的心情，更多地感受到人生的快乐；拥有了快乐，能让自己的身心处于良好的状态，才有健康的基石。有了健康这个基石，才能保障自己更好地去创造价值，服务于他人与社会。

价值观是人们对事物有无价值和价值大小的一种认识和评价标准，也是人生观的集中体现。简单地说，就是回答“值不值”的问题。一个人的价值观在某种程度上反映了他的人生观，也反映了世界观，直接制约着人们的思想和行为。

二、世界观、人生观和价值观的辩证关系

世界观是关于世界的根本看法，人生观是关于人生的看法，价值观是回答“什么事值得或不值得，以及它的价值大小”。世界观、人生观、价值观是一个有机的整体，有什么样的世界观就有什么样的人生观和价值观，人生观、价值观是世界观的重要组成部分，又是它的具体体现。人生观与价值观紧紧相连，人生观决定价值取向，价值观引导人生走向，人生观和价值观又丰富和发展着世界观。下面举几个例子来说明什么是世界观、人生观和价值观，以及它们相互之间的关系。

当人们学习辩证唯物主义和历史唯物主义的时候，接触的第一个基本观点就是:“世界是物质的，物质是运动的，运动是有规律的，规律是可以被认识的。”经典的四句话回答了对世界的根本看法。世界是什么样子的呢?世界是物质的；物质是怎样的呢？物质是运动的；运动是怎样的呢？运动是有规律的；规律怎么样呢？规律是可以被认识的。承认这个观点的就是唯物主义，而且是辩证唯物主义。因为辩证唯物主义引起了运动、发展、变化、可知论，也就是说规律可以被认识。

纵观历史，从哲学的角度对世界观的认识分为两大阵营，即唯物主义和唯心主义。

黑格尔是辩证法大师，也是一个唯心主义者。黑格尔的《小逻辑》可以说是集辩证法之大成的著作，他把运动的形式、矛盾、规律解释得非常深刻，但他在回答世界的本源、世界的本质的时候却陷入了唯心主义，他认为世界的本源、世界的本质是绝对精神。唯物主义者认为世界的本质是物质。因此黑格尔从哲学上说是一个唯心主义的哲学家，但同时他又是一个辩证法的大师。

大家熟悉的科学家牛顿，发现了万有引力定律。应当说科学家的世界观应该是科学的，但也不尽然。牛顿研究经典力学，提出了所谓绝对时间和绝对时空的概念，对那些暂时无法解释的自然现象归结为上帝的安排，提出一切行星都是在某种外来的“第一推动力”作用下才开始运动的说法。

人们用不同的世界观来观察社会历史问题，就形成了不同的历史观，主要分为两大派别，即唯物主义历史观和唯心主义历史观。唯物主义历史观认为，社会发展是一个自然的历史过程，生产力决定生产关系，经济基础决定上层建筑。随着生产力的发展以及生产力与生产关系、经济基础与上层建筑之间的矛盾运动，人类社会必然由低级走向高级。唯物主义历史观不是杜撰出来的，而是社会发展规律。唯心主义历史观则相反，它把现存社会形态凝固化、神圣化，以为是不变化的，这也导致了二者在日常生活和工作中有着本质的差别。

三、不同的世界观、人生观和价值观对人生的影响

用一定的世界观看待人生问题，就形成了人生观，所以说人生观也是世界观。在《钢铁是怎样炼成的》这部影响巨大的名著中，尼古拉·阿列克谢耶维奇·奥斯特洛夫斯基写道："人最宝贵的是生命。生命每个人只有一次。人的一生应当这样度过：当回忆往事的时候，他不会因为虚度年华而悔恨，也不会因为碌碌无为而羞愧，在临死的时候他能够说：'我的整个生命和全部精力，都已经献给了世界上最壮丽的事业——为人类的解放而斗争。'"这是无产阶级革命者的人生观的典范。古希腊著名思想家、哲学家、教育家苏格拉底曾经提出一个哲学命题："我是谁？我从哪里来？我要到哪里去？"每一个人都时时刻刻面临着来回答"自己的一生怎么度过"的问题。伟大的共产主义战士雷锋这样看待人生："人的生命是有限的，为人民服务的事业是无限的，我要把有限的生命投入无限的为人民服务的事业中去。"这是雷锋的人生观，活着就要为人民服务，就要被社会所需要。我认为一个人生命的意义在于"价值创造大于价值消耗"，一个人从呱呱落地到长大成人，大部分阶段都有赖于他人和社会对自己的付出，无论是婴幼期父母的哺育，还是少年时期老师的传授，无论是踏上工作岗位后领导的培养，还是步入老年后

后代的赡养，基本处于能量的吸纳与价值消耗阶段。而中年时期才是自己能量释放与价值创造阶段，如果用量化的指标来衡量生命的意义，那么能量释放与价值创造一定要大于能量吸纳与价值消耗，这样的生命才能创造正价值，人生才更有意义，也只有这样才能更好地实现“达则兼济天下”的人生价值。即使不能做到这样，也要尽最大努力求得人生价值创造与消耗的平衡，即人们常说的“穷则独善其身”。

与进步的革命人生观相反的，则是个人主义、利己主义、腐朽没落颓废的人生观。比如同样认为生命是有限的，有一种人生观认为“人生苦短、及时行乐”，认为人的生命那么短暂，要及时行乐、及时享受，这是极端利己主义；而雷锋认为要把有限的生命投入无限的为人民服务的事业之中，才能体现出人生的价值。个人在对待金钱的态度上，既反映了一个人的人生观，又反映了价值观。有的人认为“金钱万能，有钱能使鬼推磨”，也有人认为“人不能把金钱带入坟墓，但金钱却能把人带入坟墓”。

价值观就更丰富、更具体了。匈牙利著名爱国诗人裴多菲·山陀尔有一首广为流传的诗：“生命诚可贵，爱情价更高；若为自由故，二者皆可抛。”他把生命、爱情、自由三种都极其珍贵的东西进行比较，结论是自由具有最高的价值，为了自由，生命和爱情都可以扔掉，这就是价值观，他回答“什么是值得的”，这就是裴多菲的价值观。这里所说的自由，实质上是精神上的自由，即追求正确的人生信仰，而不是毫无组织纪律、不加任何约束的我行我素。革命先烈夏明翰在奔赴刑场时大义凛然地喊出“砍头不要紧，只要主义真”的豪言壮语。“主义”，也就是信仰，比自己的生命都珍贵，具有至高无上的价值。孙中山先生主张“天下为公”，这是他的政治理念，也是一种价值观。

“一个篱笆三个桩，一个好汉三个帮。”人的一生离不开他人的帮助与支持，而真正的朋友应该有共同的兴趣爱好乃至理想追求，或者说朋友应该是同道，否则只能是“道不同，不相为谋”。物以类聚，人以群分。三观才是人和人之间最大的障碍！三观不合的人，所说的话难有交集，更谈不上碰出火花，交流时间越长，就越有鸡同鸭讲之感，彼此都觉得索然无味，甚至有可能互相伤害。

有一则寓言说，青蛙和老鼠成了好友，想时时刻刻都在一起。于是，它们把脚绑在了一起。刚开始，它们在地面上行走正常，还能吃到谷子。当它们来到池塘边时，青蛙一下就跳进了水里，把老鼠也拖下了水。青蛙在水里玩得高兴，而可怜的老鼠不会游泳，淹死了。最后，老鼠的尸体浮上水面，它的脚仍然和青蛙绑在一起。一只老鹰发现了老鼠，便冲向水面，抓起老鼠，而青蛙也跟着被提出水面，成了老鹰的美食。三观不同的人密切来往，就像寓言中的青蛙和老鼠，只会给对方带来伤害。因此，面对三观不同之人，除了自己必须要对其负责而进行教育引导外，如子女、部属、学生，不必费力去揣摩，朋友，没有必要强求，意气相投就真心相处、一路同行、风雨同舟；三观不和，权当彼此为人生过客，淡淡一笑，无须多言。人上一百，形形色色，以利相交，利尽则散；以势相交，势败则倾；以权相交，权失则弃；以情相交，情断则伤；唯以心相交，方能成其久远。不必把太多人“请”进自己的生命里。

人生短暂，精力有限。人们应该将精力倾注于所爱的人、愉快的事、有价值的选择。朋友不在多，而在于是否能志同道合，是否能知心交心。同道则能共行，交心则能互信。当然，志同道合并非指两人所思所想完全一样，而是在相同三观下的求同存异、相互包容、相互促进、共同成长、共同发展。君子和而不同，小人同而不和。人生就像一列行驶的列车，中途陆陆续续有人上车，也有人下车，有人只是擦肩而过，有人会短暂停留，也有人陪你一直到终点。当有人要下车的时候，你可以目送他的背影消失，却没有必要去追。有缘的分别，不会渐行渐远；而三观，才是人与人之间最遥远的距离。对那些志不同道不合的人，大可以选择悄悄离开。

所以，价值观、人生观、世界观不是空泛的大道理，不是虚幻缥缈的高谈阔论，而是实实在在、如影相随、伴随终生的精神支柱。

四、应当树立什么样的世界观、人生观和价值观

1. 树立天、地、人和谐发展的世界观

人类赖以生存的地球只不过是浩瀚宇宙的一隅而已。地球的演变过程中，始终秉承着“物竞天择、优胜劣汰、适者生存”这一自然规律。在这个过程中，自然界始终保持着某种平衡。正如人一样，必须保持平衡，生命才能健康延续，如果失衡，小则生病，大则危及生命，甚至死亡。地球也一样，山脉如同人体的骨骼，沃土如同肌肉，河流如同血脉，植被如同皮肤毛发，大海的潮起潮落如同人的一呼一吸……春生、夏长、秋收、冬藏将人与自然融为一体，人类社会的发展和经济建设必须遵循这些自然规律，不能采取掠夺式的发展，如近年来出现的极端恶劣天气，与人类在大力发展经济的同时过度开采、过度排放，破坏了自然界本身的平衡相关。因此，必须树立天、地、人和谐相处的世界观。有了这样的世界观，才能更好地利用自然提供优质的生存环境，步入持续、健康、良性循环的发展轨道。而任何掠夺式的发展必遭自然的惩罚，如过度开采导致的山体坍塌，污染物过度排放导致的水资源污染、渔业资源的下降和重度雾霾等极端恶劣气候，其本质都是自然界的一种本能反应，这种反应对人们的生活带来了很大的影响。

2. 树立积极向上的人生观

只有积极向上、不断净化、不断克服自身缺陷，才能更好地适应环境，持续生存和发展。人类社会的发展，无不证实了“个人的力量是有限的，而团队的力量则是巨大的”。团队的凝聚力、向心力、战斗力的形成与打造，无不是在优秀文化的熏陶下、科学机制的激励下、先进榜样的鼓励下形成的。不论是文化，还是机制和榜样，都具有先进性和利他性，绝不是以个人为中心的利己性为基础。所以每个人都必须自觉坚持利人利己的人生观，正确处理人与人之间的关系，尤其是利益关系，正确看待功名利禄。

一是胸怀梦想人伟大。人因梦想而伟大，因没有梦想而渺小，也因没有梦想而缺乏原动力。法国著名化学家巴斯德说得好：“立志是一件很重要的事情，工作随着志向走，成功随着工作来”，这是规律。而人生三件事：少年立志、中年立业、老年立言，少年时期树立远大的抱负是基础，没有远大的理想作为原动力，其立业、立言，只不过是笑谈而已。

我的少年时代在偏远落后的农村度过，上中学时，要到离家 10 里地的乡中学读书，基本上一天两顿饭，早上很早吃了饭去上学，傍晚回家才能吃上饭。我有时回家早，赶上父母干活不在家，还要饿着肚子干家务，贫穷困难的日子，让我从小就感到生活的艰辛与改变现状的迫切性。到了谈婚论嫁的年龄，也因家里穷，谈了近 6 年的女朋友在她父母的阻挠下，以年龄小、家里的房子未盖好为由拒绝与我结婚。从那一刻起，我便萌生了走出农村的念头。1989 年春节后，我怀着人生的梦想迈入军营，到了部队，我除了拼命地工作与训练外，从不让自己有丝毫的懈怠，当时我的心中只有一个想法，那就是哪怕只有 1% 的可能，也要用 100% 的努力去争取。因为表现出色，我在新兵训练期间就获得三次嘉奖。新兵训练结束后，排长董怀强非常关心地问我：“新兵训练结束后有什么打算？”因为我在家务农期间随叔父学习中医4年，自己单独行医2年，有了这个基础，我就对排长说:“新兵训练结束后，若能从事卫生工作更能发挥我的长处。”在排长的关怀下，我顺利地进入师后勤部卫训队，在师医院学习期间因努力而获评全师为数不多的全优学员，卫训工作结束后，我被分配到团卫生队当了一名司药员。一次团参谋长家属因阑尾炎需要送驻军医院进行手术治疗，当时参谋长在西藏执行戒严任务，卫生队选派我去护理，期间参谋长家属因我的细心照料而心生感激，对我说:“小仲,你到部队有什么打算?”对于一个农村的孩子,无论是在部队，还是回到地方，能找到一份工作就是当时最大的愿望了。当时，我将自己的想法告诉了参谋长家属，参谋长家属听罢鼓励我考军校。回到团部后，我便开始了自学之路，凡是不懂、不会的问题，我就通过看例题认真推敲其中的道理，加上自己勤学苦思，以及干部股长陈磊、参谋长张勇、副政委黄国祖等领导的指导与帮助，终是功夫不负有心人，在入伍的第三年，我以超出录取线近200分的成绩考取了中国人民解放军昆明陆军学院，用实际行动完成了少年立志的誓言，我也一度成为家乡年轻人学习的楷模。

二是目标坚定有方向。目标是成功的起点。有一年，美国哈佛大学的毕业生临出校门的时候，校方对他们做了一个有关人生目标的调查，结果27%的人完全没有目标，60%的人目标模糊，10%的人有近期目标，只有3%的人有着清晰长远的目标。若干年过去了，只有这3%的人朝着目标不懈努力，成了社会的精英，所拥有的财富超过了97%的人所拥有财富的总和，之所以这3%的人能成为社会精英，在于他们为自己的人生加上了“意义”。

三是心态积极聚能量。一个人的心态积极，其所处环境中的人和事反映在这个人的身上也是积极的，凡事都能看到积极的一面，即使困难重重，也能积极主动地想办法分析问题、解决问题，最终将自己的潜能发挥到极致，在困难中不断成长、不断成熟、取得成功，长此以往，便会成就自己精彩的人生。人生怎能没有坎坷，在挫折面前就只能一直沉浸在痛苦中吗？只有像苏轼那样，积极乐观面对眼前的逆境，哪怕是生活中一丝一毫的惊喜，一点点生活的乐趣，都应该去享受，并用这些去克服当下的痛苦，这样才能使自己的内心更加强大，而一个内心强大的人，必定是一个积极的人，即使面对低境遇，也能活出高境界。积极的心态不仅是一个态度问题，同时还有利于健康，如同自然界的花草树木，俗话说“向阳花开早逢春”，人越是积极、越是心态阳光，就越能凝聚正能量，内心世界就越宁静，就越有利于修身。儒家提出的“修身、齐家、治国、平天下”人生四重境界，第一就是要修好身，修身最重要的就是要有一个阳光心态。

四是看淡名利心宁静。南宋诗人陆游曾在一首诗中写道：“利欲驱人万火牛，江湖浪迹一沙鸥。（出自《秋思》）”完善生命的反物质结构是人生的头等大事，生命是无限的，人生是有限的。人奋斗一辈子所获得的有形的东西最终都是空的，只有获得的无形的东西才是实的。人离开的时候能带走什么？金钱、名利、地位？有形财产一样也带不走，父母、配偶、子女也带不走，带走的只有一样东西，那就是生命的品质。臧克家在 1949 年 11 月 1 日，为纪念鲁迅先生逝世 13 周年，在《有的人》诗中写道：“有的人活着，他已经死了；有的人死了，他还活着……”这里所说的活着，不是生命和肉体，而是思想与灵魂，如中华五千年文明精髓所倡导的厚德载物、自强不息等，这些无形的精神财富永远活在后人的心中。

五是勤奋不止淡苦乐。人的智商差不多，区别在于勤与不勤。爱因斯坦说过：“人的差异在于业余时间。”勤奋就意味着辛苦，所有的名著都是“苦”出来的。屈原不苦写不出《离骚》，孔丘不苦写不出《春秋》，司马迁不苦写不出《史记》，勾践不苦就没有最终的灭吴复越。勤奋对于人生来讲，正如一首歌中唱的那样——“哪里有勇敢的创造，哪里才有幸福的留步；哪里有艰苦的奋斗，哪里才有幸福的永驻”。一个人想获得欢乐，绝不像摘果子那样轻松，而是要付出辛勤的汗水。

六是德才兼备成大器。一个人有德无才，会成事不足；有才无德，会败事有余。曾国藩有两句话：“有才无德——小人；有德无才——庸人。”作为一个有用且可用之人，要德才兼备，方能成就大业。

3. 树立义利兼顾的价值观

价值观不仅影响个人的行为，还影响着群体和整个组织的行为。在同一个单位中，有人注重工作成就，有人看重金钱报酬，也有人重视地位权力，因为他们的价值观不同。同一个规章制度，如果两个人的价值观相反，那么就会采取完全相反的行为，对组织目标的实现起着完全不同的作用。既然价值观决定着个人的行为模式，而人又是存在于群体（社会）中的个体，从公利的角度，应当确立什么样的价值观呢?

在义利方面，应确立“以义统利、义利兼顾”的价值观。每个人都在追逐自己的梦想。在社会实践活动中，物质财富直接影响着每一个人的生活质量，虽然金钱不是万能的，但一个人要发展，得先解决生存的问题，而物质财富对人的影响很多时候是直接的。人生追逐的最高层次是幸福，但物质财富与幸福很多时候并非成正比。在日常生活中，当人们面临物质利益的诱惑时，内心也会产生一些困惑。固然物质财富对一个人很重要，但人们更应深刻理解“君子爱财，取之有道”的古训。在利与义发生冲突的时候，必须把道义放在首位。金钱是为人们幸福生活而服务的，每个人都应做金钱的主人，切不可为了不义之财而起贪婪之心，最终成为金钱的奴隶。在现代企业中，很多国际大型企业把“财聚人散、财散人聚”作为企业凝聚人才的有效方法，让企业成员感受到尊重，充分调动了人才的积极性，换来员工对企业的忠诚，赢得了事业的持续发展。

在名利方面，应确立“求名要求千秋名、求利要求万代利”的价值观。每个人一生都很难摆脱名利的诱惑，但只要加强自身内心世界的修炼，就可以从贪图虚名求小利的小格局中摆脱出来，进而向求公利的方向发展。一个人只要心中有公利，就会摒弃许多私心杂念，使自己的心灵和境界得到升华，打开格局。思路决定出路，格局决定结局，一个人的未来取决于自己的格局。纵观历史，但凡那些利欲熏心、贪恋权贵之人，最终都落得可悲的下场。

在对待社会责任方面，应当确立“达则兼济天下，穷则独善其身”的价值观。一个人要胸怀理想、励精图治，立志成为一个造福于民的人，即使在困境中也不轻言放弃，更不能堕落，不能成为家庭和社会的包袱，要不遗余力地做最好的自己，努力成为一个高尚的人、一个纯粹的人、一个有道德的人、一个脱离低级趣味的人、一个有益于人民的人。

第二章

健康与幸福

幸福是指一个人自我价值得到满足而产生的喜悦，并希望一直保持现状的心理情绪。人们不懈努力的动力来自对幸福的追求与渴望，每个人心中都有自己的幸福，只不过幸福的具体标准因环境、条件、认知的差异而不尽相同，在物质匮乏的年代，人们的幸福可能是丰衣足食，在商品相对过剩的年代，人们的幸福可能是能够拥有更多的安全感与成就感……无论人们目前的境况是富有还是贫穷，无论是顺境还是逆境，在谈论幸福时都会将健康与幸福连在一起，普遍认为幸福是由物质和精神两个因素共同组成的结果，而健康一方面需要物质提供保障，另一方面需要有一个健康的心理。虽然健康并不能代表幸福的全部，但健康无疑是幸福的前提与基础。

一、健康之重

健康是指一个人在身体、精神和社会等方面都处于良好的状态。一个人有了这种良好的状态，才具有幸福的基石。

第一，健康的身体是做人做事的真正本钱。再远大的理想，再完美的战略，再令人心动的蓝图，身体是实现这些愿望唯一的执行者，最终目标的达成都需要有一个健康的身体作保障。文学家梁实秋曾说：“健康的身体是做人做事的真正本钱。”人这一辈子，最重要的是什么？有人说是财富，有人说是名利，有人说是感情……这些确实很重要，但离开了健康的身体，一切都是镜花水月，变得毫无意义。

当身体亮红灯时，轻者，尚有补救和医治的机会，重者，就完全没有了挽回的机会。那时候，即使再有钱请得起最专业的医生、住得起最好的医院、给得起最贵的医药费，那也是枉然。顺应自然，不熬夜，少生气，多运动，劳逸结合而滋养生命，一个人透支健康，最后也一定会反噬到自身。凡是以牺牲健康换取的金钱，从长远来看，都不值得，因为健康才是最大的本钱。

第二，健康的身体是生存下去的必要条件。身体是意识存在的基础，而只有健康的身体，才能保证正常的生活，保证自我意识的正常存在。生命对每个人来说都只有一次，如果不懂得珍惜、不注意维护，甚至时常去透支健康，就会过早地引发病痛，甚至英年早逝，这样的人生再富足、再辉煌也不值得去追求和羡慕。曾经有一篇文章，说的是 2004 年至 2006 年间，我国有几十位企业家、科学家和富豪因劳累过度而早逝，其中，均瑶集团董事长王均瑶因患肠癌医治无效而病逝，年仅 38 岁；浙江大学数学系教授、博导何勇因患弥散性肝癌晚期而与世长辞，年仅 36 岁；上海中发电气（集团）有限公司董事长南民因患急性脑血栓抢救无效而去世，年仅 37 岁……很多时候人们即使事业取得再大成就，赚到再多的钱，也换不回健康、挽救不了性命，也难以享受到人生真正的幸福，这样的人生又有什么意义呢？

第三，健康的身体是幸福生活的必要条件。只有健康的身体才能让人们在日常生活中保持充沛的精力与足够的承受能力。健康的身体既是生命的载体，又是一个人从事工作、学习、生活的有力保障，有健康才有希望，有希望才有一切。健康不是一切，但没有了健康，也就没有了一切。没有了健康，什么成就、名声、财富，全部都是一场空！所以，健康是人生最重要的资本。爱事业的人要爱健康，爱家庭的人也要珍爱自己的健康，爱生活的人更要加倍珍惜自己的健康。健康就是财富，只有拥有了健康，才能创造出更加幸福美丽的人生。很多功成名就的人，在以牺牲健康为代价换得了成功之后，常常感慨："拥有健康的时候不知道珍惜，失去健康的时候才知道健康的重要。"

是的，一个人失去健康，即使赢得全世界又有什么用呢？金钱、名利最终都只不过是人生的附属品，要是没有健康的身体，金钱、名利又有何用？没有人能在奄奄一息的状况下还能去享受金钱和名利所带给他的乐趣，疾病缠身的痛苦能让人丧失意志，能磨灭人的耐心，会让人日渐颓废。

德国哲学家叔本华告诉我们:“在一切幸福中，人的健康胜过任何其他幸福，一个身体健康的乞丐要比疾病缠身的国王幸福得多。”只有健康才是生命的资本，是美好生活的源泉，要懂得珍惜。

第四，健康的身体来源于健康的心理，而健康的心理也是幸福的基础。怨恨恼怒烦，无一不是来自不和谐关系带来的情绪。抑郁、哀伤等负面情绪会在短期内降低免疫系统的功能，一个长期悲伤的人，身体和心理健康都会受到很大损失。佛说“一切唯心造”，人拥有什么样的心态，就会出现怎么样的世界，看待世界的眼光也会反过来影响身体和健康。心态是否健康，不仅关系到身体的健康，还直接关系到人生的苦乐与幸福。俗话说:病由心生，相由心生。人生路上，遇到的最大敌人不是能力，不是条件，而是心态。保持乐观的心态，大脑在一种和谐的状态中就会分泌出对身体有益的激素，相反，如果一直处于苦闷的状态，大脑就会失去分泌有益激素的活力。所以，修养自己的心，拥有一个健康积极的心态，顺境时，能充分体验事业所带来的成就感，保持戒骄戒躁;逆境时，能百折不挠开拓进取，也不会因困难而迁怒于人，做到喜怒不形于色，凡事能看得开、想得远、不计较，能正确处理利他与利己的关系，心中自然会坦然宁静，让自己处于一种豁达通透、无忧无怨的状态之中，这不仅有益于身体的健康，还是心灵快乐的根本，也是幸福的基础。

第五，身体是最重要的个人财产。现实生活中一部分人为了工作，不顾惜自己的身体，为了得不偿失的收入把自己年轻的身体搞垮，快节奏地生活，超负荷地工作，高强度地用脑，忽略了健康，日积月累就变成了亚健康。细细想来，工作是做不完的，钱也是挣不完的，为了更好地尽到人生的责任，人必须要有一个健康的身体，有健康的身体，才能完成一项项艰巨的任务，有健康的身体，才能更好地扛起人生的责任。

二、健康之本

1. 健康的标准

一是身体方面。

能吃，取其精华。能够全面摄入均衡的营养，并且控制好食量，饭吃七八分饱，不暴饮暴食。

能排，去其糟粕。生命健康不仅靠吸收营养，更重要的是吸收营养后剩下的残渣以及体内代谢所产生的废料需要及时排出体外，否则，这些残渣废料停留在体内将会被二次吸收，通过血液对身体造成伤害。

能睡，静如止水，心无杂念。人的作息如文武之道，一张一弛，良好而有规律的生活习惯对身体健康非常重要，充足的睡眠是健康的基石之一，身体经过一天的劳作，只有在夜间得到充分的休息，才能让身体自身的修复力、免疫力得到恢复，为健康提供保障，千万不要轻视睡眠对健康的作用。

能干，动若脱兔，心无旁骛。生命存在的意义是创造价值，身体是否健康，还在于人是否能心无旁骛、集中精力干事业，为社会的繁荣与发展创造价值。

二是心灵方面。

能吃，吃亏是福。郑板桥在书法作品《吃亏是福》中写道："满者损之机，亏者盈之渐。"人之所得一旦达到丰盈充足，就是开始耗损的时候了；而当一个人变得欠缺与不足时，就会开始渐渐充裕起来。自己有些损失，自然就有利于他人，这样一来，大家都心平气和，自己也得到了内心安宁，既平和又心安，这就是一个人真正的福气。

能排，思想豁达。《新唐书·陆象先传》中提道："天下本无事，庸人扰之为烦耳。"一个人心远才能容得下世间种种，才能消融世间的嘈杂而从容生活，反之，心小心窄，世间种种便皆是压迫，世间嘈杂便皆是相扰，产生的就只能是压力、焦虑和烦恼。

能安，内心祥和。"宠辱不惊，闲看庭前花开花落，去留无意，漫随天外云卷云舒（出自《小窗幽记》)"是说做人要有道家的思想，为人做事能视宠辱如花开花落般平常，才能心境平和；视去留如云卷云舒般变幻，才能淡泊自然。这是人生对事对物、对名对利应有的态度：得之不喜、失之不忧、宠辱不惊、去留无意。

能悟，心灵自由。本自清静无烦扰，本自具足向内求。著名思想家王阳明的"本自具足，不假外求"，表明了个人觉悟已达到圆满。有时候人活得累，可能是因为心里装了多余的东西，只要不断向内修炼自己的境界、胸怀、格局，便可得到与自己生命质量相匹配的东西，反过来讲，若还没有得到想要的东西，那只能说明修炼还不够，这样就会不断激励自己朝着正确方向修炼，在修炼中开悟。

2. 健康的本质

自然界中的生物主要分为动物、植物、微生物三类，而微生物又分为细菌、病毒、真菌及一些小型的原生生物，这些物种构成了自然，与宇宙相连，可以说整个宇宙其大无外，其小无内，但万物之间，总有内在的联系和自身运行的规律。

健康的本质是身心合一。健康的心理是身体健康的前提，在遵循自然规律的情况下，心里想什么，身体就做什么；身体做什么，心里想的就是什么，身心合一的状态就是自己内在实现了和谐，消除了不必要的内耗，这种状态下，人体各个脏器功能处于良好状态，各司其职，从而保证了身体的健康，人的潜能得到了充分的发挥。人最大的痛苦就是身心分离，当人们对自己不满、怀疑并压迫自我时，回避某些感受时，试图在思维里自我辩驳、说服时，试图控制、压抑、否定或漠视特定的感受与思维时，想要控制他人、环境甚至社会时，身心就处于矛盾，进入内耗状态，而内耗对健康危害极大。人们的心理资源，包括注意力、记忆力、自控力和判断力等，都是有限的、可被消耗的。当人将资源用于大脑内部看不见的自我战斗时，可用于面对挑战、解决问题的身心资源将会变得匮乏，人将很容易出现疲劳、麻木、注意力分散、反应迟钝等问题。内耗是一场战斗，对手是自己，这是一场注定不可能胜利的战斗，而且白白消耗能量，以至于没有精力做真正有价值的事。

健康的身体来源于三个方面，一是全面均衡的营养，二是健康的生活方式，三是开朗豁达的胸怀、积极阳光的心态。健康的本质是身心合一，一是要知道全面均衡的营养是生命的动力之源；二是健康的生活方式是生命健康的保障，将生命与自然融为一体，采天地之灵气，取日月之精华，做到遵守自然规律、顺势而为，助力自己的健康；三是开朗豁达的胸怀、积极阳光的心态，是生命健康的土壤。修身养性，知道怎样吃、怎样做、怎样想，拥有一个保持积极乐观的心态，用正确思想指导自己的行为，让身心灵和谐，使人体的自愈力和免疫力处于最佳状态，始终为健康保驾护航。

钟南山院士说：虽然多项研究表明人的自然寿命能达到100岁以上，但因为种种原因，大多数人都活不到这个岁数，其实寿命长短不取决于衰老和疾病，而是正确的生活方式。生活方式是我们每个人都可以选择与改变的。

生活方式带来的伤害，如暴饮暴食、熬夜、生活不规律、为追求口感而钟情的垃圾食品；不注重自身的学习与生命质量的提升，让自己身心不和谐，处于内耗状态。这些不健康的生活方式，会加速各类疾病的发生和器官的衰老。

身体受到伤害，意味着体内的平衡被打破，人体在这种压力状态下，采取一种折中的自我保护的手段，目的是从破坏的平衡中，建立一种新的平衡。

三、健康之得

健康来自全面均衡的营养、健康的生活方式和修身养性三个方面，人要获得健康就要从认识、行为方式、养生三个方面进行改进与总结，不断提高自身的健康指数，下面分享养生四法，望有益于大家。

1. 加法

在认知上：吸收人类一切文明的力量，站在巨人的肩上，认识自然规律，明白普世之理，掌握做事之法，在困难与问题面前做到不惑、不惧、不悔而处变不惊，学会在宁静中思考，在思考中产生智慧，在智慧中应对自如，让心灵在自由中升华。人们更应加强健康知识的学习，才能懂得如何获得健康。

在行为方式上：用加法的方式去爱人，多看别人长处，多帮别人难处，多想别人好处，让自己的行为永远充满正能量。

在养生上：把缺失的营养补起来，用全面均衡的营养滋养生命，使人体的细胞、组织、脏器系统功能处于良好状态。

2. 减法

在认知上：名利富贵，三分天注定，七分靠打拼，用顺其自然的态度过随遇而安的生活。人要活在当下，珍惜眼前。

同样一件事情，不同的境界，就有不一样的认知。据传北宋大文豪苏东坡，有一次到大相国寺探望好友佛印和尚。见粉墙上新题了首诗，其诗云：“酒色财气四堵墙，人人都在里边藏；谁能跳出圈外头，不活百岁寿也长。”苏东坡见诗写得颇有哲理，于是另题一首，其诗云：“饮酒不醉是英豪，恋色不迷最为高；不义之财不可取，有气不生气自消。”

在行为方式上：用减法的方式去处理负面情绪，人生没有必要给自己背上那么多沉重的负担。

柳宗元的《蝜蝂传》中，写到一种名为蝜蝂的小虫子在爬行时看到什么都会设法捡起背上继续走，很快便负重满满，无法继续前行。虽然背上的东西越来越重，爬行起来越来越困难，但是蝜蝂也不会停止下来，最终被压垮。有时人们觉得它可怜，就把它背上的东西拿掉。可是，它一旦能够爬行，就又会像先前那样，不放过碰到的任何物件，最终因负重异常劳累而丢掉性命。人在面对各种诱惑时，要做到不动心、不起念，做到“任凭风浪起，稳坐钓鱼船”。最好的人生就是做到不怒、不争、不傲：格局大的人不怒，真正有格局的人不仅有海纳百川的眼界胸襟，更有悲天悯人的情怀气度；有情商的人不争，来是偶然，去是必然，尽其当然，顺其自然；高层次的人不傲，允许自己与别人不同，特立独行，允许别人与你不同，海纳百川。

在养生上：要“用脑吃饭”，吃身体需要的，而不是一味追求味觉和饱腹感，要把握好每餐食量，七八分饱，既给身体补充营养，又给身体减压，延缓脏器衰老、功能下降的时间。饭吃七分、花看半开、酒至微醺是人生最美的度，凡事过犹不及。

3. 乘法

在认知上：以利他为出发点，从志舍文化中开启人生智慧，大志大成、小志小成、无志不成；大舍大得，小舍小得，不舍不得。夯实整合资源、借力发展的基础。用欣赏的眼光看他人与世界，用美好的希望看待未来，用宽容与无悔看待过去。天下资源、人才，不求为我所有，只求为我所用，不断提升生命的质量。

在行为方式上：用乘法的方式去感恩，“滴水之恩当涌泉相报。”因果定律告诉人们：“恶有恶报，善有善报。”所有的结果都是因果循环，人要成为正能量的发射器与接收器。

宇宙是一片全息的信息海，往里面注入光，就活在光中；往里面注入爱，就活在爱中；往里面注入黑暗，就活在黑暗中。心与能量可以净化宇宙，也可以污染宇宙。不管是净化，还是污染，自己都是中心，是爱的中心，就能感受最多的爱；是光的中心，就有无限的光明。

在养生上：将自己融入自然，内心宁静，与自然和谐地连接，顺势而为，滋养身心。每一天做好自己，今天是否有爱，是否有笑容，检查自己是否有利他之心。关注生活中所发生的爱的故事，关注人间的美好，保持轻松，带给自己和平的能量。不让自己太过疲累、压抑，否则会产生负面情绪，带来负能量。

4. 除法

在认知上：力量宜凝聚，问题需化解；质量应提升，杂质要消除。再厉害的个人，也比不过团队，再强大的团队，也比不过系统，再完善的系统，也比不过趋势，只有顺势而为才有为。团结一切可以团结的力量，分化、瓦解人生所遇到的一切困难。

在行为方式上：用除法的方式去战胜困难，只要分母足够大，再大的困难都不叫困难。

在养生上：清除身心杂质，让内心祥和安静；消除小我，成就大我、无我，真正做到身心合一。很多文人墨客对荷花“出淤泥而不染”的品质赞赏有加，“清水出芙蓉，天然去雕饰”（出自《经乱后天恩流夜郎忆旧游书怀赠江夏韦太守良宰》），就在于它自身的纯洁。

著名漫画家蔡志忠说：“每块木头都可以成为一尊佛，只要去掉多余的部分。”每个人身上原来的执念，是阻碍进一步前行的负担。

没有伤害就没有疾病，人们要消除垃圾食品、不健康生活方式、不良情绪对身体的伤害，同时也要看到，症状是以某种方式来提醒自己是在营养均衡或是在生活方式，还是在情绪上出了问题，如果因此受到启发，发现自己的问题并改变它，或许这个病就作为过客离开了，不会继续留在身体里。

四、拥有健康，拥抱幸福

有一则有关健康、成功、财富的寓言故事。

一名妇女发现三位蓄着花白胡子的老者坐在家门口。她不认识他们，就说："我不知道你们是什么人，但各位也许饿了，请进来吃些东西吧。"

三位老者问道："男主人在家吗？"

她回答："不在，他出去了。"

老者们答道："那我们不能进去。"

傍晚时分，妻子在丈夫到家后向他讲述了所发生的事。

丈夫说："快去告诉他们我在家，请他们进来。"妻子出去请三位老者进屋，但他们说："我们不一起进屋。"

其中一位老者指着身旁的两位解释："这位的名字是财富，那位叫成功，而我的名字是健康。"

接着，他又说："现在回去和你丈夫讨论一下，看你们愿意我们当中的哪一个进去。"

妻子回去将此话告诉了丈夫，丈夫说:“我们让财富进来吧，这样我们就可以黄金满屋啦！”

妻子却不同意:“亲爱的，我们还是请成功进来更妙！”

他们的女儿在一旁倾听，她建议:“请健康进来不好吗？这样一来我们一家人身体健康，就可以幸福地享受生活、享受人生了！”

丈夫对妻子说:“听我们女儿的吧。去请健康进屋做客。”

妻子出去问三位老者:“敢问哪位是健康？请进来做客。”

健康起身向她家走去，另外两人也站起身来，紧随其后。

妻子吃惊地问:“我只邀请了健康。为什么两位也随同而来？”

两位老者道:“健康走到什么地方我们就会陪伴他到什么地方，因为我们根本离不开他，如果你没请他进来，我们两个不论是谁进来，很快都会失去活力和生命，所以，我们在哪里都会和他在一起的！”

现实生活中，财富、成功也是紧随健康的步伐，健康无疑成为幸福的前提和基础，而健康与幸福在一定程度上都与积极健康的心态有着密不可分的关系。生命是一场修行：三十而立，立身，确立自己的品格和修养；立业，确立自己所从事的事业；立家，建立自己的家庭。四十而不惑，对外，明白了社会；对内，明白了自己；对自己，明白了责任。五十而知天命，知道了自己的命运轨迹，不怨天；知道了自己的人生定位，不尤人；知道了自己未尽的责任，不懈怠。六十而耳顺，看透了人生是一次旅行，知道为何出发；看透了生命是一场修行，喜怒哀乐都是生命质量的反射；看透了名利是一片浮云，最终一切都要归零。七十从心所欲而不逾矩，知道该如何去做，知道了要从心所欲、顺其自然、随遇而安而不逾矩。

2021 年的一天早上，我醒来突然想到人从出生到重生是一个非常有意义的过程，我们要尽可能去参悟，让自己所思所行应景当下，这样人生才能够更快乐与幸福。**生存：**是一种本能，即使负重也要前行，不要羡慕和妒忌别人，要自强不息做最好的自己，所以能力很重要。**生活：**是一种情调，要善于营造快乐与浪漫，人在俗世外，心在山水间，简朴的生活、高贵的灵魂，是人生的至高境界；少食则少疾，少欲则少忧，少言则少祸，少思则少愁，少怨则少悲，“少”让生活更有质量，也是最好的活法。**生命：**是一种价值，要勇于创造，让自己、家人、亲朋、众生生活富足、精神富有。**生死：**是一个课题，要敢于面对，谋生是本能，谋死是格局，倾毕生之所情、奉毕生之所爱、用毕生之所能去作答。**重生：**是一种升华，“上天有好生之德，大地有载物之厚，君子有成人之美”（出自《论语·颜渊》）。

1．心中明，方向清，人生从此不徘徊

人的一生会面临无数个“十字路口”的选择，一次正确的选择无疑让人幸福快乐，一次错误的选择无疑让人痛苦后悔，故才有选择比努力更重要之说。在面临这些“十字路口”时，是果断、从容地做出选择？还是一筹莫展、不知所措？面对人生的“十字路口”，不同的世界观、人生观、价值观，不同的视野角度，不同的人，会有不一样的答案。

用普世的价值观可将人的行为属性分成“向上、向下、向善、向恶”四个方向，构成我们人生选择的坐标系。通过这个坐标系来逐一分析每一个象限，就很容易看清和得出选择的方向，如图 2-1 所示。

向上：一个人能够克服自身的惰性，保持一种自强不息的精神，朝着自己所设定的目标努力奋斗，具备一种向上的力量，那么这个人的行为属性表现为“向上”。

向下：一个人放纵自己的惰性，放弃人生追求的目标，或者暂时虽有目

标，但不付诸行动，那么这个人的行为属性表现为“向下”。

向善：一个人心存感恩、心存博爱，其价值观取向始终按照有利于社会、有利于他人、有利于自己的顺序，那么这个人的行为属性表现为“向善”。

向恶：一个人的价值取向是以满足自我私欲为中心，一切从自我出发，根本不顾及他人的利益，那么这个人的行为属性表现为“向恶”。

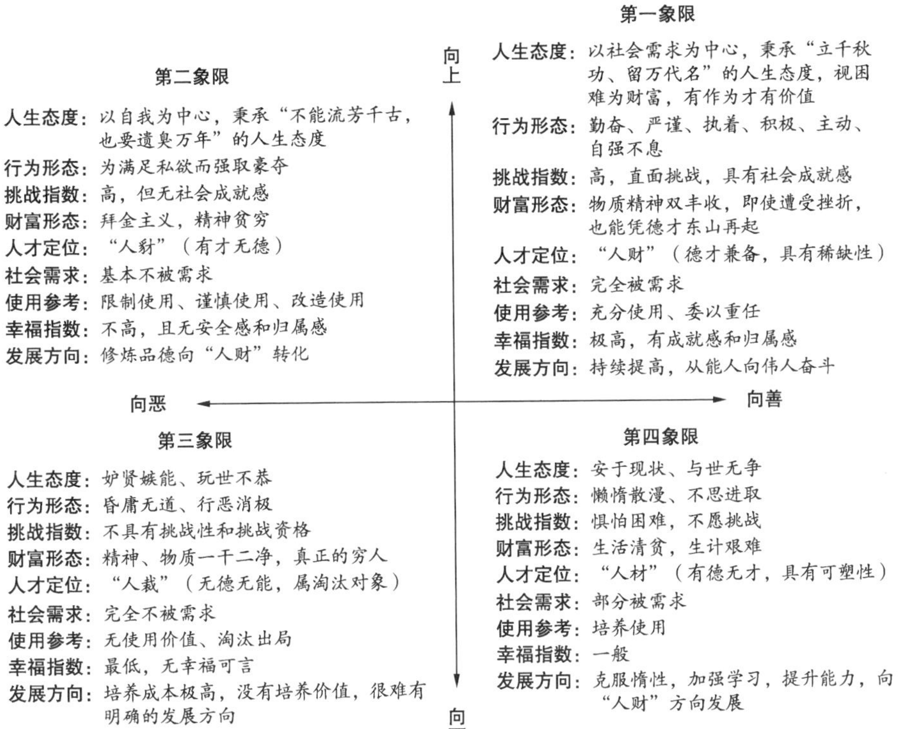

图 2-1 人生选择坐标系

根据人的行为属性，我们把“向善、向上”划分为第一象限，把“向恶、向上”划分为第二象限，把“向恶、向下”划分为第三象限，把“向善、向下”划分为第四象限。通过坐标系的分析，我们可以得出以下结果。

处在第一象限中的人，以社会需求为中心，秉承“立千秋功、留万代名”的人生态度，其行为形态表现为勤奋、严谨、执着、积极、主动、自强不息，且行为挑战指数极高，常常表现为直面挑战，积极应对；在财富形态上表现为物质财富、精神财富双丰收，即使在家徒四壁的情况下，也能凭自己的德才成就事业或东山再起。我们把这种人定位为社会的“人财”，他们不仅能为自己创造幸福生活，还能为社会创造物质财富和精神财富。这种人在社会的资源系统中处于稀缺地位。他一生所做的事情，从社会需求这个角度来看，处于完全被需求状态。这种人无论在哪里，都会得到组织的信任，被委以重任。虽然他在实现自己人生目标的路上不一定会一帆风顺，但无论成败，都能从中得到收获。因此，这样的人容易获得工作的成就感和社会认同感，其幸福指数极高。

处在第二象限中的人，其人生态度是以自我为中心。他们对能力非常认同，因此，在自己所要达成目标的过程中以满足自我私欲为中心，其行为形态往往表现为强取豪夺；在财富形态方面表现为物质上的富有、精神上的贫穷。我们将这种人定位于“人豺”。是因为这种人有较强的专业技能和办事能力。在现实生活中，这种人往往不认同组织的价值观，若不加强品德行为修养，任其发展，其能力越大，则危害性也就越大。这种人一生的行为对于社会来讲基本不被需求，在任何一个组织里，对其往往都是采取限制使用、谨慎使用、改造使用的方法；这种人虽然拥有一定的物质财富，但获取财富的手段不符合社会价值观，因此并无安全感和归属感，对于人生幸福而言，也只是暂时的满足，并不能有持续长期的幸福指数；这种人虽然品德上存在严重缺陷，但尚有较强的办事能力，具有一定的可塑性，只有加强品德修养，从价值观、人生观上解决问题，做一个有益于社会、有益于他人的人，努力向第一象限的“人财”方向发展，才是人生的有益选择。

处于第三象限中的人，既没有远大的理想，也不具有一技之长，对他人所取得的成就往往表现出妒忌。其整个人生碌碌无为；从主观上根本不想改善生存环境，也不具备改善的能力；其财富形态表现为在精神和物质方面一干二净，既不认同普世价值观和组织的价值观，又不具备任何能力。我们将这种人定位为“人裁”。他们一生的行为完全不被社会所需求，无论在任何一个组织，都属于被淘汰对象。因此，这样的人，没有什么幸福可言。

处在第四象限中的人，他的人生态度是安于现状，看似与世无争，实则是消极回避。当他面对困难时，常常表现为缺乏信心和战胜困难的决心，往往把解决困难的希望寄托于别人，喜欢依赖于人。他的人生态度是安于现状——今朝有酒今朝醉；在行为形态方面表现为懒惰、散漫、消极、不思进取，因为惧怕困难，不愿意接受挑战，所以他的挑战指数较低；在财富形态方面表现为生活清贫、生计艰难，即使在面对那些急需施以援手的境况时，往往也是有心无力，这样的人一旦遭受意外挫折，则生计难以维持，即使偶有一些追求，也仅是空想而已。这种人虽然存在较为严重的惰性，但内心有着向善的一面，认同普世价值观和组织价值观，我们将这种人定位为社会的“人才”。因为这样的人可以通过立志激励，克服自己的惰性，向第一象限发展，具有一定的可塑性。这样的人在现实工作中往往缺乏执行力，工作中得不到好的结果，从社会需求角度来看，部分被社会所需求。这种人在任何组织内很难得到重用，要想有所作为，必须自我觉醒，借助于外力帮助，调动自我主观能动性，始终朝着第一象限发展，成为一个有责任感和有执行力的人。

按照以上四个象限对人生的认识，也仅是从理论的角度出发，而现实生活中的人是极其复杂的。无论什么样的人，要想达到目标，要想实现所追求的理想和幸福，其背后都必须有足够的支持系统作支撑，这个支持系统涵盖了知识、能力、品德、胸怀、境界、眼光、态度、资源、人脉等各个方面。

总体来讲，向上就是要有“自强不息拿得起，以入世之心做事”的心态，有“文能提笔安天下，武能上马定乾坤”的能力；向善就是要有“厚德载物放得下，以出世之心做人”的胸怀，有“心怀仁慈日行善，凝聚正能不愧天”的正气。一个人只有做到了心中明、方向清，随时随地让身心和谐并专注于所做事情，才能将才能发挥到最佳状态，在帮助他人和促进社会发展的同时成就自己，获得幸福！

我在天九共享控股集团（以下简称天九）任客户管理中心主任时，带领大家建设学习型团队，用这套理论让很多同事受益，记得在一次学习分享会上，李园园说：“通过仲总带领我们学习，不仅指明了我们的人生方向，使我的工作更加得心应手，而且也改变了我的生活，增进了家庭成员间的感情。当我给家里人分享这些学习心得时，丈夫感到很惊讶，从丈夫的眼里，我寻找到婚姻保鲜剂的奥秘，也就是仲总讲的，婚前处于热恋中的男女，缺点都是特点，而婚后优点都成了缺点，爱情的保鲜剂，就是来自由内而外的素质提升，只有每个人不断学习进步，才能弥补岁月沧桑带给容颜衰老的遗憾，继而让双方产生新的吸引力，就像两块异极磁铁一样，相互吸引，否则，就会相互排斥而丧失激情。”

以下是天九客户管理中心学习专栏和“全家福”（见图 2-2、图 2-3）。

图 2-2 2009 年天九客户管理中心学习专栏

图 2-3 2009 年天九客户管理中心“全家福”

2. 心中静，体康宁，精神与物质双修才能成就幸福人生

一个人既要勤奋努力做事，创造物质财富，让生活过得富足，又要持续加强学习，提升自我精神修为，这样才能充分体现出生命的价值。如果用X轴表示物质财富，我们可以将财富从小到大分为四个等级，即小康、富裕、大富、富豪，如果用Y轴表示精神行为，我们也可以将精神从高到低分为四个层次，即道、法、术、器（见图2-4）。在此，我们不对物质财富等级进行解释，因不同时期对物质财富的定量标准有所不同，仅对“道、法、术、器”进行一般意义上的注解。

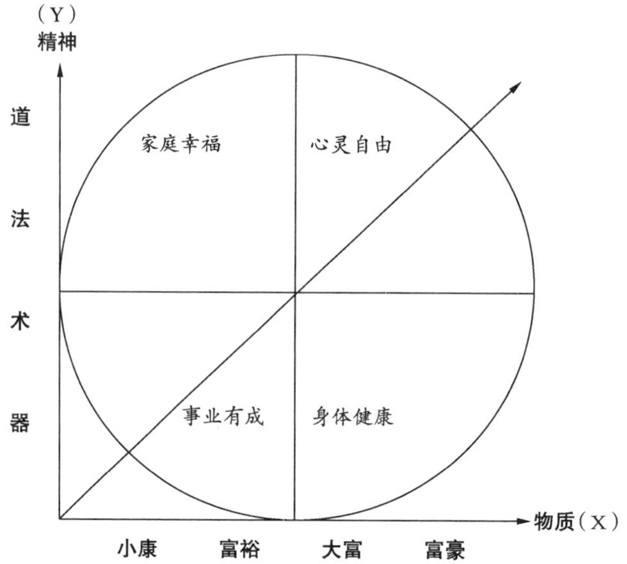

图2-4 精神与物质的双修

道，是规则、自然法则，讲求的是追求自然法则、宇宙运行规则，即万物变迁循环中亘古不变的规律，在个人层面就是人生境界和价值观和判断真假善恶美丑的标准。现实中每个人都有自己主张的世界观、人生观、价值观，而这三观与道是否一致，需要个人长期学习与领悟，并要求人们要在充分认

知自然法则的情况下，做人做事要按照自然法则顺势而为，将自己融入社会和自然，既有利于自己，又有利于他人与社会，不能逆流而上去做损人利己或损人不利己的事，这样才能有利于自我的成长与发展。

法，是方法、法理，是在自然规则的运行中寻找和总结出来的一种方法。它是一套规则体系和原理原则，是实现价值观的指导方针和思路，可因事物内在的变化规律而变化，可通过对长期实践的思考和归纳总结而得出。如选择坐北朝南的方位建房，就可以得到身体上冬暖夏凉、心理上舒适安逸的效果。

术，是行为、方式，是在道的法理中进行的一种行为方式。它是在规则体系指导下的具体操作方法，只要指导原则（法）不变，具体方法可千变万化，术可通过练习获得，亦可通过对“法”的推理而产生。

器，是产品、工具，是“道”的法理中进行的一种产出结果。比如，我们要制作一把舒服的椅子，那么必须符合“人体工程学”（道），椅子必须要“平稳、安全”（法），现在我们开始制作（术），最后成了一把舒服的椅子（器）。

一个人的赚钱能力通常与自己的认知成正相关，即所赚的每一分钱都是对世界认知的变现；所亏的每一分钱都是因为对世界的认知有缺陷。人永远赚不到超出认知范围之外的钱，除非靠运气；但是靠运气赚到的钱，最后往往又会靠实力亏掉，这是一种必然。如果一个人，只注重精神修为，而不能将自己所思所悟用于价值创造，那么这种脱离现实的修行如同断线的风筝，飞得越高就会摔得越惨。

人活在两个世界，一个是物质世界，一个是精神世界，人最佳的生活状态就是精神与物质的相互促进与统一。为什么有那么多的人有饭吃、有车开、有衣穿、有房住，反而会得抑郁症？就是因为他们的物质世界富足了，但是精神世界极其匮乏。老子一生周游列国传道，没有一天隐居过，叫借事修人，所以人活着必须要做事，并在做事的过程中加以修行。

借假修真，对于个人来讲，世间万物都是暂时的假象，钱是假的，房子是假的，人就是在有生之年的这种假象中把自己的真性情修出来。一个人精神修为达到“器”的层面，在物质层面对应显化为小康；精神修为达到“术”的层面，在物质层面对应显化为富裕；精神修为达到“法”的层面，在物质层面对应显化为大富；精神修为达到“道”的层面，在物质层面对应显化为富豪。

而人生是一个圆，对于个人而言完美的人生就是圆满，构成完美人生的四大要素是：事业有成、身体健康、家庭幸福、心灵自由。

事业有成，则物质宽裕，最佳的状态就是能够通过自己的投资与资源，从而实现财富自由。

身体健康，是最基础的财富，无论其他财富有多少，只有拥有了健康的身体，才有机会去消费和体验到财富带来的愉悦。为了拥有健康的身体，每个人除了养成良好的生活方式，最重要的就是要坚持精神修为，保持良好的心态，让自己经常处于淡定、愉悦状态，自然就会增强自愈力。

家庭幸福，就是家庭关系和谐，亲子教育融洽，成员之间相互欣赏与鼓励，相互支持与帮助，相互理解与宽容。

心灵自由，人要通过精神修为去正确认知自己所肩负的使命，探索和认知自然法则，做到自觉按照客观规律办事，做到顺势而为、无拘无束。每个人我们无法控制生命的长度，但能拓宽生命的宽度，通过自己一生不断创造与修为，让心灵在修炼中得到自由与升华。

事业有成构建了财富基础，身体健康构建承载的基石，家庭幸福构建了愉悦的环境，心灵自由则构建了生命价值升华的通道，这四个要素组合在一起，则构建了一个完美的生命飞轮，四者缺一不可，要相互作用与促进，才能保障生命飞轮的正常运转。

今天的结果就是昨天的行动，明天的收获取决于今天的付出。我们应有客观科学的态度，不能埋怨，要清楚地认识到只有作为，才有价值；只有付出，才可能获得收获；只有强大，才能维护正义；只有自立，才能赢得尊重；只有心存梦想，才有可能走向成功；只有被需求，生命才会有意义。今天若不够成功，要多看一看自己的努力够不够；今天境况还不够好，要多想一想自己付出了多少。人生的路是选择出来的，要清楚自己要什么，只要想要并善于选择，就有可能实现。不同的选择产生不同的结果，选择什么就会得到什么，所以选择很重要。人生的路是凭自己脚踏实地走出来的。“历览前贤国与家，成由勤俭破由奢。”（出自《咏史二首・其二》）“没有比脚更长的路，没有人更高的山。”（出自《山高路远》）只要行动，一切皆有可能，所以行动很重要。

人生每时每刻都要对自己所走的路进行选择，而选择的结果就是要获得最大程度的幸福。向上是一种动能，如同舰船的发动机，马力越大，向前的推力也就越大，所以，一个人要加强学习，不断提升自己创造价值的能力；向善是前行的方向，如同舰船的指南针，航行在大海之中，只有方向明确，才能到达心中的彼岸。物质财富的创造离不开精神修为的作用，精神修为是为了更好地创造财富与文明，最终两者推动的是整个生命质量建设，即长（眼光）、宽（胸怀）、高（境界）、厚（品德）。一个人通过自身的修炼，拥有了高尚的灵魂，凡事看得远、想得透，心中不徘徊、无烦忧，让整个人内心世界处于和谐之中，就具备了健康与幸福的前提，而健康的身体又为人创造价值与幸福提供了坚强的后盾，能够精力充沛地专心工作，拥有事业的成就感，在工作之余能够尽情地享受生活，拥有生活的幸福感，二者相互促进、相得益彰，愿我们通过自身的学习与努力，拥有健康的身体，拥抱幸福的生活！

第三章

梦想与实干

人因梦想而伟大，因没有梦想而渺小。梦想是处于逆境中仍不颓其志的希望，梦想是成功后再次迈向更高层次的起点，梦想是希望、是牵引力、是原动力，然而所有的梦想都必须建立在实实在在的行动之上。人生是一部创业史，需要激情与梦想，同样也需要理性与实干，再美好的梦想，没有坚忍不拔的行动，最终也只能是“行百里者半九十”（出自刘向《战国策·秦策五》）；再坚实的行动，没有梦想的牵引，也不可能有持续的动力，最终也不过是半途而废。一个好的结果，必须是梦想与实干的最佳结合。本章我们一起来解析“意愿 × 能力 = 结果”，即实干与梦想这道人生课题。

一、梦想是原动力

人因梦想而伟大，梦想如汽车的发动机和方向盘，有了梦想就有了前行的动力和方向，每个人从小就想得到老师的表扬、家人的赞美、同学的拥戴；继而，从学校走向社会，同样希望被领导欣赏、被同事认同、被他人尊重，并在工作中实现自己的价值。人之所以有这样的想法，无非是追求幸福，愉悦感、成就感和自豪感这“三感”是每个人获得幸福不可缺少的重要内容，也是一个人幸福的重要标志，有此“三感”，人们的精神才称得上有所追求，幸福指数才能得以提升，而梦想正是点燃我们每个人内心释放正能量并实现“三感”的催化剂。

我们所说的梦想，就是长期而远大的目标，事实证明一个人有没有梦想，事关行动是否坚忍不拔，是否在遇到困难和挫折时仍能百折不挠、不忘初心、与梦想同行。

公元前 207 年，项羽的起义军与秦将章邯率领的秦军主力部队在巨鹿（今河北邢台市）展开大战，项羽不畏强敌，引兵渡漳水（由巨鹿东北流向东南的一条河）。渡河后，项羽命令全军“皆沉船，破釜甑，烧庐舍，持三日粮，以示士卒必死，无一还心（出自《史记·十二本纪·项羽本纪》）”。巨鹿一战，大破秦军，项兵威震诸侯。

公元前494年，吴王夫差大败越国，越王勾践逃到会稽山后，不得不向吴国屈辱求和，按吴国的要求，越王勾践带着夫人和大臣范蠡去吴国服苦役。三年后勾践等人终被放回越国，一心强国富民、报仇雪恨的越王勾践害怕自己会贪图眼前的安逸，消磨报仇雪耻的意志，他晚上睡觉只铺些柴草，又在屋里挂了一只苦胆，不时会尝尝苦胆的味道，为的就是不忘过去的耻辱。勾践为鼓励民众，带着王后与人民一起参与劳动，在越人同心协力之下，越国强大起来。后勾践找准时机，拿下吴国主城，又擒了夫差。

后人在评价这两段历史典故时，写下了“有志者，事竟成，破釜沉舟，百二秦关终属楚；苦心人，天不负，卧薪尝胆，三千铁甲可吞吴”这副著名的对联。勾践卧薪尝胆、忍辱负重、苦心励志，受常人所不能受之苦，只为实现自己心中的强国梦，最终不仅打败了夫差，也实现了自己的抱负。

楚汉相争的时候，刘邦命手下大将韩信领兵攻打赵国。赵王带了二十万大军在太行山的井陉关迎击。当时，韩信只带了一万二千人马。为了打败赵军，他将一万人驻扎在河边列了一个背水阵，另外派两千轻骑潜伏在赵军军营周围。交战后，赵营二十万大军向河边的一万汉军杀来。汉军面临大敌，后无退路，只能拼死奋战。这时潜伏的那两千士兵乘虚攻进赵营。赵军遭到前后夹击，很快被韩信打败。战后有人问韩信："背水列阵乃兵家大忌，将军为何明知故犯？"韩信笑着说："置之死地而后生，这也是兵书上有记载的呀！"

有的人终其一生而一事无成，很多时候不是没有能力，而是缺乏远大的梦想与坚定的信念，遭到困难不是知难而进，而是知难而退，一时贪图安逸，却不得不面对较长时间的被动，正所谓落后一步则步步落后，一进一退之间其结果往往是天壤之别，所以一个人要想有所作为，很多时候要对自己狠一点，要像韩信那样，敢于断掉自己的退路，要义无反顾地勇往直前。人生最大的遗憾就是在本应该奋斗的年华却贪图安逸，辜负了时光与青春，到了体力、精力不支的时候，即使想奋斗，也很难有所作为，所以，一个人要想有所作为，就要趁着风华正茂的青春努力奋斗，方可避免"白首方悔读书迟"（出自《劝学诗》）的遗憾。

一个人在困境中不失自信，在挫折中积极进取，凭的是对梦想始终保持一腔热血与对理想的执着，方能成就一番大业。而在现实生活中，又有多少人能做到这样始终坚守着自己的初衷？忠诚于自己的梦想？目标是成功的起点，长期的目标就是梦想，而成功则缘于"目标刻在钢板上，方法写在沙滩上"。一个不成功或者自我潜能未得到充分发挥的人，则往往是"方法刻在钢板上，目标写在沙滩上"，在事业发展过程中，一遇困难和挫折，不是千方百计去改变，而是知难而退，否定目标实现的可能性，继而放弃目标，再退而求其次，定一个自己较为容易实现的目标，这样周而复始，不断恶性循环，一次次的困难、一次次的放弃、一次次负能量的积累，最终感到身心疲惫，逐渐缺乏或丧失了梦想原动力的牵引，不断走向人生的低谷。

二、想与做的不等式

想是行为的先导，行是结果的起点。再美好的梦想、再远大的抱负，离开了坚韧的行动，也只能是空想与空谈，正所谓“合抱之木，生于毫末；九层之台，起于累土；千里之行，始于足下”（出自《道德经》），凡事都有一个从量变到质变的过程，没有行的量变，就不可能产生果的质变。

在古老的原始森林，阳光明媚，鸟儿欢快地歌唱，辛勤地劳动。其中有一只寒号鸟，有着一身漂亮的羽毛和嘹亮的歌喉。它到处卖弄自己的羽毛和嗓子，看到别人辛勤劳动，反而嘲笑不已，好心的鸟儿提醒它说：“快垒个窝吧！不然冬天来了怎么过呢。”寒号鸟轻蔑地说：“冬天还早呢，急什么！趁着今天大好时光，尽情地玩吧！”就这样，日复一日，冬天眨眼就到了。鸟儿们晚上躲在自己暖和的窝里安乐地休息，而寒号鸟却在寒风里，冻得发抖，用美丽的歌喉悔恨过去，哀叫未来：“哆啰啰，哆啰啰，寒风冻死我，明天就垒窝。”第二天，太阳出来了，万物苏醒了，沐浴在阳光中，寒号鸟好不得意，完全忘记了昨天的痛苦，又快乐地歌唱起来，鸟儿劝它：“快垒个窝吧，不然晚上又要发抖了。”寒号鸟嘲笑地说:“不会享受的家伙。”晚上又来临了,寒号鸟又重复着昨天晚上一样的故事,就这样重复了几个晚上,大雪突然降临,鸟儿们奇怪寒号鸟怎么不发出叫声了呢,太阳一出来,大家寻找一看,寒号鸟早已被冻死了。生活和工作中我们不难见到一些人,将本应该做的事情,日复一日拖向明天,这样的人往往都是行动力差的人。

一个池塘里,鱼儿成群。哲人站在池塘边,一言不发,若有所思。一旁垂钓的老渔夫好奇地问他在想什么。哲人指着池中鱼,昂着头回答:“我在看哪条鱼更肥。”渔夫摸了摸自己的头,虚心地问:“那鱼儿游来游去,眼花缭乱的,先生怎么能够看得清呢?”“鱼动,而我心静。”哲人悠然道。渔夫似懂非懂地“哦”了一声,就专心钓鱼了。半晌,见哲人仍站在那里,渔夫忍不住又问:“先生光看不抓有用吗?”哲人看了渔夫一眼,从鼻子里“哼”了一声,不紧不慢地说:“我已经在考虑怎么烹饪它了。”渔夫边从鱼钩上取鱼,边不解地问:“可鱼儿现在还在池塘里,先生却在考虑怎么吃它了,是不是早了点?”哲人傲慢地说:“这就是我和你的不同,所以,你只能做一辈子渔夫,而我却是一个众人仰视的哲人。不管做什么事情,你总得动动脑筋,考虑长远点,不能只看到眼前。”最后的结果是,渔夫回家饮着小酒,品着鱼香,而哲人却依然两手空空,饥肠辘辘,但他在意念里早津津有味地品尝过鱼了,摸着瘪瘪的肚皮,已开始考虑明天如何打天上的鸟了,甚至琢磨着该怎样吃鸟了。在生活和工作中,我们常会看到那些趾高气扬的夸夸其谈者对那些脚踏实地的实干家不屑一顾、冷嘲热讽,但最终却一事无成。真理很简单:坐而论道虽在远见卓识,志存高远仍须身体力行!

公元前262年，秦昭襄王派大将白起进攻韩国，占领了野王（今河南沁阳），截断了上党郡（治所在今山西长治）和韩都的联系，上党形势危急。上党的韩军将领不愿意投降秦国，打发使者带着地图把上党献给赵国。赵孝成王（赵惠文王的儿子）派军队接收了上党。过了两年，秦国又派王龁围住上党。赵孝成王听到消息，连忙派廉颇率领二十多万大军去救上党。他们才到长平（今山西高平市西北），上党已经被秦军攻占了。王龁还想向长平进攻，廉颇连忙守住阵地，叫兵士们修筑堡垒，深挖壕沟，跟远来的秦军对峙，准备作长期抵抗的打算。王龁三番五次向赵军挑战，廉颇说什么也不跟他们交战。王龁想不出什么法子，只好派人回报秦昭襄王，说："廉颇是个富有经验的老将，不轻易出来交战，长期下去，就怕粮草接济不上，怎么办好呢？"秦昭襄王请范雎出主意，范雎说："要打败赵国，必须先叫赵国把廉颇调回去。"秦昭襄王说："这哪儿办得到呢？"范雎说："让我来想办法。"过了几天，赵孝成王听到左右纷纷议论说："秦国就是怕让年轻力强的赵括带兵；廉颇不中用，眼看就快投降啦！"他们所说的赵括，是赵国名将赵奢的儿子。赵括儿时爱学兵法，谈起用兵的道理来头头是道，自以为天下无敌，连他父亲也不放在眼里。赵王听信了左右的议论，立刻把赵括找来，问他能不能打退秦军。赵括说："要是秦国派白起来，我还得考虑对付一下，如今来的是王龁，他不过是廉颇的对手，要是换上我，打败他不在话下。"赵王听了很高兴，就拜赵括为大将，去接替廉颇。蔺相如对赵王说："赵括只懂得读父亲的兵书，不会临阵应变，不能派他做大将。"可是赵王听不进去蔺相如的劝告。赵括的母亲也向赵王上了一道奏章，请求赵王别派他儿子去。赵王把她召来，问她什么理由。赵母说："他父亲临终的时候再三嘱咐我说，'赵括这孩子把用兵打仗看作儿戏似的，谈起兵法来，就眼空四海，目中无人。将来大王不用他还好，如果用他为大将的话，只怕赵军断送在他手里。’所以我请求大王千万别让他当大将。”赵王说：“我已经决定了，你就别管了。”公元前260年，赵括领兵二十万到了长平，请廉颇验过兵符。廉颇办了移交，回邯郸去了。赵括统率着四十万大军，声势十分浩大。他把廉颇规定的制度全部废除，下了命令说：“秦国再来挑战，必须迎头打回去。敌人打败了，就得追下去，非杀得他们片甲不留不算完。”那边范雎得到赵括替换廉颇的消息，知道自己的反间计成功了，就秘密派白起为上将军，去指挥秦军。白起一到长平，布置好埋伏，故意打了几阵败仗。赵括不知是计，拼命追赶。白起把赵军引到预先埋伏好的地区，派出精兵二万五千人，切断赵军的后路；另派五千骑兵直冲赵军大营，把四十万赵军切成两段。赵括这才知道秦军的厉害，只好筑起营垒坚守，等待救兵。秦国又发兵把赵国救兵和运粮的道路切断了。赵括的军队，内无粮草，外无救兵，守了四十多天，兵士都叫苦连天，无心作战。赵括带兵想冲出重围，秦军万箭齐发，把赵括射死了。赵军听到主将被杀，也纷纷扔了武器投降。四十万赵军，就在“纸上谈兵”的主帅赵括手里全部覆没了。

人的一生，只有三天，即“昨天”“今天”和“明天”，“昨天”已成为过去，它的意义在于总结与改进，每一个人都没有必要为失去的“昨天”而懊悔，“明天”还未到来，我们要满怀豪情壮志、信心百倍去迎接每一个“明天”的到来，而人生唯有“今天”才是真真实实的，自己怎样决定，就可以怎样去把握、去行动，去达成自己想要的结果。凡事寄希望于“明天”的人，到了“明天”，“后天”也就成了“明天”，就像《明日歌》中唱道：“明日复明日，明日何其多？我生待明日，万事成蹉跎。世人苦被明日累，春去秋来老将至。朝看水东流，暮看日西坠。百年明日能几何？请君听我明日歌。”一而再，再而三地拖延下去，最终则是一事无成；只有那些懂得如何利用“今天”的人，凭着对梦想的执着，凭着对事业的忠诚，凭着对生命价值的尊重，才能排除一切杂念和干扰，保持内心的宁静，打开智慧之门，在工作和生活中做到日事日清，日省日高，每天进步一点点，才会在“今天”创造“明天”的希望。因此，我们每个人都要活在当下，总结“昨天”，改进“今天”，憧憬“明天”。

三、破解人生想与做的不等式

有行动的梦想，才叫有意义的梦想，才真正叫有精神追求；没有行动的梦想叫空想，对人生的幸福毫无意义。空想与实干的区别在于，前者的过程轻松而美好，后者复杂而艰辛，而他们的结果却恰恰相反。成长、成熟、成功、成就，是生命价值体现的不同层次，没有谁不想以更大的成就来实现生命的价值，但事实上只有少部分人实现了这样的目标，那么如何破解人生想与做这个不等式呢?

1. 信心

一个人要做成一件事情或成就一番事业，必须要有自信，没有自信就容易畏手畏脚，迟迟不能展开行动。人不自信，就会在行动中有很多顾虑。美国著名作家诺曼·文森特·皮尔在《态度决定一切》中写道:“大约有 40% 的担忧是永远都不可能发生的；有 30% 的忧虑涉及过去的决定；有 12% 的忧虑集中于别人出于自卑感而做出的批评；还有 10% 的忧虑是和健康有关的，最终只有 8% 的忧虑是合理的。”

一个没有文凭的年轻人来到大城市找工作，结果四处碰壁，总是遭人拒绝，年轻人有些心灰意冷。于是他抱着一线希望，提笔给大银行家罗斯写了一封信，希望得到他的帮助。几天过去了，正当年轻人有些绝望，准备回家的时候，罗斯的回信到了。罗斯在信中写道："海洋里生活着很多鱼，它们都有鱼鳔，唯独鲨鱼没有。按理说，没有鱼鳔，鲨鱼是不可能活下去的。为了生存，鲨鱼只能在海里不停地运动，结果，鲨鱼不仅活得很好，还在多年后成了最凶猛的鱼。"信的最后，罗斯写道："这个城市就是一个海洋，而你现在就是一条没有鱼鳔的鱼……"

年轻人看完信，陷入了沉思，最后他决意要留在城市，从最底层干起，十年后，年轻人拥有了令所有美国人都羡慕的财富，并且娶了银行家罗斯的女儿，这位年轻人就是石油大王洛克菲勒。

人在追求梦想的过程中，一定会遇到各种各样的困难与挫折，也会遇到许多迷茫与困惑，如果我们追求的梦想迟迟无法实现，或者得非所愿、得不偿失时，那么可能会怀疑自己是不是走错了路，于是就想到了放弃，继而进行新的选择。然而，可能就在刚放弃不久，想要的东西就到来了，那时也只能为自己不能坚持而懊悔。

行动的前提是信心。首先要坚信自己确实是在做正确的事情，其次要相信自己正在正确地做事。为什么这个世界上成功的人能够不断成功，失败的人却接连失败？原因就在于成功的经验让前者有了强大的信心，而很多人本身无成功的经验可言，又不能给自己信心，他们怎么能成功呢？

只有自信才能够保证自己不会因为当前的迷茫而放缓脚步，始终坚持走自己认定的道路，到达成功的彼岸，如果连自己都不相信自己，那么没有人会相信你。

2. 务实

无论是工作还是生活，我们都应本着务实的态度，切不可好高骛远，凡事应从高处着眼、低处着手，即心有理想、脚踏实地，才能避免空谈误事。

药商养了一头驴，给驴很少的食物和很多的工作，驴便向丘比特请求，让它从现在的劳役中释放出来，并给它另外找一个主人。丘比特警告驴会后悔这样的请求，然后便将驴卖给一个砖瓦匠，不久，驴发现它的负担更重，而且砖瓦场上的工作更辛苦，于是再去请求更换主人。丘比特说这是他最后一次答应它的请求，然后将驴卖给一个皮匠，驴发现它已陷入更坏的情况，在明白主人的职业时，便悲哀地说："我被先前任何一个主人饿死或折磨而死，总比被我现在这个主人买来好些。我现在这个主人，还要剥我的皮赚钱呢。"

在工作和生活中，总有一些这山望着那山高、好高骛远不切实际的人，不懂得奋斗而贪图安逸、心生怨气、朝三暮四，对于这样的人来说，如不转变观念，脚踏实地地做好现在的工作，其结局就会像上面故事中的驴一样。

1871 年的春天，加拿大麦吉尔大学医学院的学生威廉·奥斯勒感到很困惑。他不明白应该如何才能处理好远大的理想与具体事情的关系，以及应该用什么样的做事态度才能使自己成功。他一方面渴望成功，另一方面又觉得身边的小事没有什么意义，甚至认为现在的学校生活枯燥乏味，没什么值得去用心的。因而他的成绩越来越差。他找老师探讨这些困难的人生问题，老师推荐他阅读哲学家托马斯·卡莱尔写的一本哲学启蒙读物。老师说这本书里或许有答案能帮助他解决问题。他想既然是老师推荐的，或许真的有用，于是拿过书漫不经心地浏览起来。突然间，书中的一句话让他眼前一亮：“最重要的，就是不要去看远方模糊的东西，而是要做身边最具体的事情。”他恍然大悟，是啊，不论多么远大的理想，都需要一步一步去实现啊！不论多么浩大的工程，都需要一砖一瓦垒起来啊！他想明白了，他的困惑解决了，他终于找到了人生的答案。他知道，那些远大的理想，应该让它们高悬在未来的天空里，最紧要的是把自己身边的每一件具体的事情做好。也就是从那一天开始，年轻的威廉·奥斯勒开始埋头读书，因为他知道这是他目前最紧要的事情，他要把自己的成绩提高上去。半个学期以后，威廉·奥斯勒就一跃成为整个学校最优秀的学生。两年以后，他以全校最优异的成绩毕业。毕业后他来到一家医院做医生，认真对待每一位患者，对每一次出诊都一丝不苟。兢兢业业的态度和精益求精的精神，使他很快成为当地的名医。他把自己的人生态度贯彻到每一个细节里。许多专家学者慕名来到他的学院工作，使他的学院很快成为美国乃至世界最知名的医学院。

事实上，我们只要用心去观察那些成功者的人生轨迹，一定能够发现他们都是十分务实的人，有远大的人生目标，每天都在一步一步扎实地向着目标奋进，在他们的人生词典里没有犹豫，没有彷徨，更没有朝三暮四的空想。现实生活中，个人的能力是有限的，但只要有兢兢业业的精神、求真务实的态度、开拓进取的品质，做好本职工作，乐于奉献，把兴邦、兴业、兴家当作己任，又何愁自己不成长、不成功呢?

一个人得到和他相匹配的东西，才是真正的幸福。“德薄而位尊，知小而谋大，力小而任重，鲜不及矣！”（出自《周易·系辞下》）一个人永远只能享受和他相匹配的东西，无论再美好的梦想、再远大的抱负、再明确的目标，实现的最好方式就是通过努力与实干，让自己配得上所拥有的一切。

3. 要耐得住成长中的寂寞

余秋雨说过：成熟要具有磅礴的大气和平淡的心境。困惑时，将所有的人和事抛开，全身心进入寂寞之中，从黎明到黑夜保持那种心境，在成熟的空间里充分享受自己的天和地。一个人要想成就一番事业，最初总要从最基础部分做起，正所谓“宝剑锋从磨砺出，梅花香自苦寒开”（出自《警世贤文》），但凡一生有大成就的人，总会经受常人所不能忍耐的寂寞，“古来圣贤皆寂寞，唯有饮者留其名”（出自《将进酒》），唐朝著名诗人李白就是一个懂得享受寂寞之人，他自称孤独的行者，自饮自乐，自歌自舞。正是由于他能享受寂寞，在寂寞中成长，才成就了他“诗仙”的美誉，给世人留下冠绝古今的文学作品。

耐得住寂寞，在寂寞中成长，并不是所有人都能做到的，只有那些心有梦想、有远大目标的人可以忍受，一个有梦想、有远大目标的人之所以寂寞，也正是因为有这样的梦想和目标。也许这种梦想和目标不被人理解，甚至会被人嘲笑讽刺，在实现目标的过程中没有人陪伴，没有人嘘寒问暖，别人的不理解和冷眼更是令人孤独。在这种情况下，就更需要有坚定的信念，才能与孤单结伴，朝着目标坚定地前行。寂寞会让人变得更加冷静，思维更加清晰。人生就是一个不断向上攀登的过程，在这个过程中更要耐得住寂寞，不能因为眼前的寂寞而放弃了最初的梦想，只有不断地沿着梦想的牵引，迈开坚实有力的步伐，最终才能登上成功的高峰。

A公司董事长×女士刚开始走入社会时，在当地一家企业做营销员。由于初涉社会，没有经验和社会关系，所以也没什么业务。多年后回忆起那一段时间，仍让她记忆犹新。寂寞、无助，没有人告诉自己该做什么，不该做什么，怎么做，和她一起进公司的两名大学生因受不了这份寂寞很快就辞职了，×女士坚强地挺了过来，她忍受住了寂寞，自学了所有业务知识，从产品到业务流程，从研究顾客心理到语言技巧，每个月只有300元的工资，她坚持下来了。第二年，她的业务量突飞猛进，年薪一下子涨到了10多万元。第三年，她的年薪达到30万元，成了业界的明星人物。当年与她一同进公司的那两位大学生仍处于不停地求职和辞职过程中。

×女士的成功经历给我们一个启示：要想有所成就，就必须耐得住寂寞、学会吃苦、学会坚持，不要计较眼前的得失，要考虑长远的利益。现在，很多求职者在应聘时，习惯向用人单位要高工资、高待遇。其实，太注重眼前利益的应聘者，用人单位一般是不会用的，即使用了也不会器重。如果求职者真有能力，为企业创造了良好的效益，自然会受到器重，老板会主动升职加薪。

著名画家张大千为了学画，在偏僻的西部一待就是好几年，远离城市的喧嚣、人心的浮躁，刻苦钻研绘画，穷困潦倒的生活没有打倒他，凶恶的强盗土匪也没有吓跑他，一个人与清贫为伴，与寂寞为伍，他身上的那份执着、刻苦、坚持正是成功必备的素质。耐住寂寞，不浮躁，在追求理想的大道上坚持不懈，勇往直前，最终一定会取得成功。

“夫君子之行，静以修身，俭以养德。非淡泊无以明志，非宁静无以致远”（出自诸葛亮《诫子书》）。寂寞是成才的沃土，也是成才的必经之路。

只有在寂寞的情况下，人才可以平静下来，专注去做一件事，使思想得到提升，心灵得到净化。寂寞可以让人养成一个勤于思考的好习惯，好的习惯在成功的道路上会起到垫脚铺路的作用，“绳锯木断，水滴石穿”（出自罗大经《鹤林玉露》），贵在持之以恒、锲而不舍的精神。

在人生前进的道路中，寂寞是一种磨炼，让人深思，在寂寞中总结自己、看清自己，才能更好地前行。能经得起诱惑的人，并不一定能成功，但耐得住寂寞的人，会更容易成功，因为他对事业的专注接近偏执。无论学习还是做事，最怕“三天打鱼，两天晒网”。学习枯燥无味，创业千辛万苦，都需要具备坚忍不拔的毅力和耐得住寂寞的决心，“锲而舍之，朽木不折；锲而不舍，金石可镂。”（出自《劝学》）所有成功者的经历告诉我们：人生一定要耐得住寂寞，要经受住挫折，把每一个低谷当成创造下一个高峰的起点，处于低谷时不要气馁，更应奋发向上，积蓄力量。独守一份清静，甘受一份落寞，在寂寞中慢慢成长走向成熟，这其实是一种境界。

4. 专注

常言道：“只要功夫深，铁杵磨成针。”专注应该是坚持不懈地去做对和做好一件事，哪怕付出一生。

据传，在明朝万历年间，北方的女真部落经常挑起纷争，制造战患。皇帝为了要抗御强敌，决心整修万里长城。当时号称天下第一关的山海关，却早已年久失修，其中“天下第一关”题字中的“一”字已经脱落多时。万历皇帝募集各地书法名家，希望恢复山海关的本来面貌。各地名士闻讯，纷纷前来挥毫，但是没有一人的字能够表达天下第一关的原味。皇帝于是再下诏告，只要能够中选的，就能够获得重赏。经过严格的筛选，最后中选的竟是山海关旁一家客栈的店小二。在题字当天，现场被挤得水泄不通，官家也早就备妥了笔墨纸砚，等候店小二挥毫。只见店小二抬头看着山海关的牌楼，拿起一块抹布往砚台里一蘸，大喝一声："一！"十分干净利落，立刻出现一个绝妙的"一"字。旁观者给予惊叹的掌声。有人好奇地问他成功的秘诀。他勉强答道："其实，我想不出有什么秘诀，我只是在这里当了三十多年的店小二，每当我在擦桌子时，就望着牌楼上的'一'字，一挥一擦就这样而已。"

原来这位店小二的店铺，正好面对山海关的城门，每当他弯下腰，拿起抹布清理桌上的油污之际，角度刚好正对准"天下第一关"的"一"字。因此，他不由自主地天天看、天天擦，数十年如一日，久而久之，熟能生巧、巧而精通，这就是他能够把这个"一"字临摹到炉火纯青、惟妙惟肖的原因。

只有专注，才能心无旁骛、勇往直前，很多成功的人一生做事都非常专注和用心。数学家陈景润在行走时思考问题，不巧撞到树上，非但没察觉到自己走错了路，反倒以为是撞着别人了，一连说了几声"对不起，对不起！"后来抬头一看，原来是一棵大树，不由得会心地笑了。陈景润在数学领域研究效率高，取得巨大成功，与他出色的专注品质紧密相关。

因为热忱，才能够投入强大的动力；因为执着，才能持久不倦地坚持，走向成功。人生凡成就大事业，必须要具备专注的品质，作为一个有梦想、有追求的人，要时刻把目标刻在心中，要有"咬定青山不放松"的精神，只要我们专注于自己的目标，并全力以赴去行动，人生定会有所收获。

5. 积极

积极的人像太阳，走到哪里哪里亮；消极的人像月亮，初一十五不一样。人做事的结果都可以用这样一个等式来说明：意愿 × 能力 = 结果。一个人要做成某件事情，要有一个积极的心态，积极的心态会带给我们持续的动力，当遭到困难和挫折时，要从积极的一面去分析和看待问题，保持一种乐观向上的态度，才能从不断的行动中感受到做事的乐趣和成就感。当然，做成一件事情光有积极的态度还不够，还需要有足够解决问题的能力。仅有积极的态度而能力不足，往往会成事不足；仅有能力而没有积极的态度，往往会败事有余。一个人只有把积极的态度与能力有机地结合起来，才能够始终朝着既定的目标前行并达成目标。

悲观者的眼光总是专注在不可能做到的事情上，到最后他们只看到了不可能；乐观者由于把注意力都集中在可能做到的事情上，往往能够心想事成。

美国有两家鞋厂为了开发市场，分别派业务员前往非洲考察当地的需求量。A 厂的业务员考察回来，立刻被晋升为主管；B 厂的业务员却从此被冷落在一旁。同样去非洲考察，为什么会受到不同的待遇呢？

原来，B 厂的业务员到非洲的当天就发了一封电报向工厂报告。电报的内容是：“完了！一点儿希望也没有，因为这里的人都不穿鞋子。”而 A 厂的业务员到非洲的当天也发了一封电报向工厂报告，内容则是：“太好了！希望无穷，因为这里的人都没有鞋子穿。”

同样的事，不同的态度，不同的结果，为什么？在乐观中撷取一份坦然，面前就会盎然多彩，若在悲观中摘下一片沉郁的叶子，只能瓦解积蓄的力量。

一味抱怨的悲观者，看到的总是灰暗的一面，即便到春天的花园里，看到的也只是折断的残枝；而乐观者看到的却是姹紫嫣红的鲜花和飞舞的蝴蝶，他的眼里到处都是春天。

6. 苦干加巧干

人勤春来早，机会总是青睐那些有准备的人，一个人只要具备勤奋的品质，就会在实践中不断成长，找到很多机会。苦干是一种愿意吃苦耐劳的态度，当然，一个人仅有吃苦耐劳的态度而没有科学的做事方法，还不足以把事做成，这就叫作事不得法，往往事倍功半；只有在勤奋的基础上讲究做事的方法，才会事半功倍。在日常生活和工作中，我们怎样才能做到事半功倍呢？

一是要抓关键，每时每刻都要做有价值的事情。每个人每天都会面临大量的工作，应当如何处理这些工作？我们可以按照工作的价值大小和紧急程度，分为四类：重要紧急、重要不紧急、不重要紧急、不重要不紧急。在工作中我们最优先应处理重要紧急的事情，其次处理重要不紧急的事情，这样才能突出焦点、抓住关键，始终把精力聚焦到有价值的事情上。当然，在工作和生活中，我们提倡任何时候都要日事日清，不要将不紧急的事情拖延到紧急的程度，在实际工作中，我们可以采取“列清单、抓重点、排优先”三步来处理好重要与紧急的关系，人的精力和时间是相对有限的，只要我们随时都做有价值的事情，工作就会越理越顺，效果也会越来越明显。

二是要不断总结、不断改进。我们总结工作，一在于充分发挥成功经验的作用，二在于汲取教训，加以改进，避免重复犯错。一个人、一个组织，只要不断总结改进，就会每天进步一点点，长此以往就会聚沙成塔，从量变到质变。

三是要善于向他人学习。一个人成功与否，很多时候要看他与谁为伍，这句话从另一个角度说明了社会圈子的重要性，人生选择非常重要。一是选对伴侣，他/她是影响你最多的人，双方结合在一起的不是身外之物，而是志同道合的价值观。二是选对圈子，加入一个正能量的圈子，影响自己也影响他人。三是选对老师，老师选对了，会教给你很多有用的人生哲理与智慧，并指点你运用这些智慧去解决所遇到的问题，使整个人生得到改变。

无论是在部队，还是回到地方，除了坚持多年养成的“每日有学习，每周有进步，每月有成果”的良好习惯外，无论是听领导讲话，还是收看电视节目，对他们归纳总结的精辟内容我都要记录下来，认真进行阅读与思考，问一问自己若处于那个时空点，能不能讲出那么精彩的内容，并结合自己的工作进行反思。常言道“三人行，必有我师”，虚心向他人学习，见贤思齐，见不贤而内自省，几十年如一日地坚持，或许是解释我紧随时代步伐的唯一理由吧。

第四章

团队与个人

即便个人再完美，仅如一滴之水而已，更何况不存在绝对完美的个人；一个又一个优秀的团队，才有可能汇集成江河、汇集成大海。佛教创始人释迦牟尼曾问他的弟子："一滴水怎样才能不干涸？"弟子们面面相觑，无法回答。释迦牟尼说："把它放到大海里去。"一个有高度竞争力的组织，不但要求有才华出众的个人，更要有齐心协力的团队。

一、团队是什么

团队就是为实现一个共同的目标，由两个及两个以上且认同共同价值观的人，聚集在一起，实现共同价值的平台。

自从有了人类以来，人类为了更好地生存和发展，从共同猎食，到刀耕火种，再到科学技术的发展、生产力和生产关系的进步，再到如今经济全球化、信息全球化，无不体现出团队的巨大力量。

所有取得成功的团队都有以下特点。

一是有共同的目标和责任。任何一个团队从建立之初起，就有了自己的目标和责任，我们建立这个团队要做什么？要实现什么样的目标？这是一个团队建立的基础，只有明确的既定目标，才能为团队成员指明方向，知道团队要向何处去。一个团队的建立总是为了更好的发展，通过合法而有效的经营，获得高额的合法利益。科学而明确的团队目标，是这个团队存在的价值，将团队的目标与组织的目标保持一致，把大目标分解成一个个小目标，具体落实到每个团队成员身上，大家才能心往一处想，劲往一处使；同时，一个团队必须要明确其责任，无论是合法经营，还是为社会提供优质的服务，团队必须要明确履行其责任，一个团队只有各尽其责，才能千斤重担有人挑，人人头上有指标，才能事事有人管，件件有落实，这个团队的目标才能有效达成。一个优秀的团队要善于用普世的价值观来统一思想，要善于用目标来凝聚力量，要善于用利益机制来激励成员，要善于用风险管控机制来落实责任。因此，一个团队必须是一个意志共同体、利益共同体、风险共同体。

二是相互沟通和欣赏，共同学习、一起改变、一起进步。一个团队每个人都有自己的思想，不同的成长环境、不同的视角、不同的阅历，决定了对事物不同的看法，正所谓“横看成岭侧成峰，远近高低各不同”（出自《题西林壁》），而这些不同的看法，缘于每个人不同的思想，不同的思想要达成统一，必须要进行有效的沟通，因此，一个团队要善于学会相互沟通，通过沟通达到思想一致，才能确保行动一致，最终实现结果一致。团队成员各自的优劣势也不尽相同，只有相互欣赏的团队，每个成员才会感受到自己被他人尊重和自己的价值被认可，每个人的积极性和主观能动性被充分激发，他们才会将自己的潜能发挥到极致，一个团队相互只看他人的劣势和短板，这个团队就充满了负能量，指责、抱怨的结果使整个团队的力量不仅不能形成合力，而且会形成严重的内耗，拖累这个团队的建设，影响团队目标的达成。一个团队只有相互学习他人的长处，相互激励，才能有效做到一起改变、一起进步。

三是满足个人心理需要和价值实现的平台。每个人的行为都有其原始动力，满足个人的生存、安全、社交、自尊以及个人价值的实现，是马斯洛需求层次理论的体现，个人需求的实现离不开团队，而团队的发展也离不开个人，在这个平台上大家都是相互依存的关系，如同鱼儿离不开水。只有好的平台，才能让每个人发展得更好。

二、个人与团队的关系

1. 团队是个人生存和发展的依靠

每个人一生都要在不同的团队中度过，也就是说一个人一生的生存与发展离不开团队。一个人从出生的那天起，就会进入家庭这个团队；到了上学的年龄就要融入学校这个团队；进入社会后，从事不同的工作，就要融入事业团队。无论是哪类团队，个人的生存与发展都离不开这个团队强有力的支持，否则，个人将陷入孤立无援的境地，生存与发展则无从谈起。既然团队是个人生存和发展的依靠，首先就应当自觉坚持个人利益服从于团队利益，凡事都应该多为团队着想，当个人利益与团队利益发生冲突的时候，我们应站在团队的角度去思考和妥善处理这些矛盾；其次要将个人的聪明才智用到团队建设中去，加强竞争意识，在竞争中激发自己的潜能，为团队建设做出自己的贡献；再次个人要有效融入团队之中，让所有团队成员接纳你、认同你，才会更好地得到团队成员对自己的支持与帮助。那么，个人如何才能有效融入团队之中？就人性而言，趋利避害是一种正常的行为，无论是在利益上主动让一点，还是在别人困难时，主动施以援手，无论是主动欣赏别人，还是虚心学习他人的长处，无论是增强自身的亲和力，还是对人热情，说到底，只要我们从“利他”角度出发，做到凡事“加一”，就会赢得他人和社会对自己的尊重和认同，也会得到他人和社会对自己的帮助；反之，一个人凡事若从“利己”的角度出发，免不了会伤及他人和社会的利益，利益冲突之下，势必引起他人和社会对自己的掣肘，逐渐使自己陷入四面楚歌的境地，若一个人的处境到了这种地步，如同一滴水脱离大海，很快就会被蒸发，其个人的成长与发展也将无从谈起。在现实生活中，一部分人想尽可能少付出，而得到更多的回报，如果每个人都这样想、这样做，那么久而久之，还有谁愿意去付出？去创造价值？这种失衡的付出回报观，实际上是一个悖论。

2. 个人是组成团队的细胞

团队是一个有机的整体，团队的发展离不开个人的努力，只有每个人自动自发地为团队建设着想，才能够与团队很好地融合在一起，将每个人的力量有效地凝聚起来，在众人拾柴火焰高的态势下，形成强大的团队合力，去达成团队的目标和责任。一个人的力量再大，也不能和一个团队所产生的力量相比，作为个人永远不要孤立于团队之外。

3. 团队力量是资源的有效整合

以团队为基础的工作方式可以提高成员的职业道德水平，团队力量的发挥是组织赢得竞争的必要条件。团队无论大小，每个人都是一种资源，其力量的大小，取决于资源整合是否有效，我们常说搭班子、建队伍就是充分考虑到每个人的优劣势和个性，把能力互补、性格互补的人搭配在一起，形成人力资源的有效互补，这个团队的整体力量就会呈现出大于单个力量之和，这种有效人力资源整合就会产生叠加效应。否则，就会出现相互掣肘、互相牵制的现象，不仅体现不出团队的整体力量，反而影响了团队成员原有力量的发挥，无效的人力资源整合，就会产生内耗。

三、如何建立优秀团队

优秀的团队离不开优秀文化理念、价值观的塑造，离不开创新力、凝聚力的培养。在经济全球化、信息全球化竞争激烈的时代，团队中的每个成员，若想把工作做好，想获得成功，首先就要想方设法尽快融入团队之中，了解并熟悉这个团队的文化和规章制度，接受并认同这个团队的价值观念，在团队中摆正自己的位置，清楚并牢记自己的职责。

着力把团队建设成为一个意志共同体、利益共同体、风险共同体，在此基础上，加强团队纪律建设、加强团队沟通、制订科学的团队目标，充分释放团队成员的潜能，那么这个团队就会越来越优秀。

1. 打造好意志共同体

意志共同体是解决价值观的问题，团队中的每个成员都必须认同团队的价值观，一个团队的目标和使命都是其价值观的体现，而思想是行为的先导，只有每一个人的意志与团队的意志融为一个整体，才能充分凝聚每个人的力量，最终形成合力。说到底人是团队最核心的要素，在团队管理中，我们经常提到最多的一个词是“以人为本”，而每一个人的能力有大小之分，思想有先进落后之别，态度有积极消极之差，那么以人为本究竟应该以什么样的人为本？在一个团队中的成员大致可以分为四种：一种是能力弱又不认同团队的价值观，这种人在团队称之“人裁”，是首先被团队淘汰的对象；第二种是能力一般但认同团队的价值观，这种人在团队称之为“人才”，他们通过培训提升能力，可以继续使用；第三种是能力强又认同团队的价值观，这种人在团队称之为“人财”，他们能够根据团队的价值观，紧紧围绕团队的目标，自觉、自动、自发、创造性地做好各项工作，以团队的使命为己任，关注团队绩效的提升，他们是团队的财富，在团队中常常委以重任，大多数都处于团队的核心岗位；第四种人是有能力但不认同团队的价值观，这种人有一些较强的办事能力，会耍一些小聪明，有时也能解决一些问题，在团队称之为“人豺”，处于这个状态的人会向两个方向发展，一是加强学习，进一步提升自己的能力并认同团队的价值观，就会变成第三种人，得到团队的重用；二是安于现状，不注重学习，对团队的价值观不认同，难以在这个团队体现出价值，最终只能是被淘汰。

团队以人为本的管理思想所指的人是那些既有能力又认同团队价值观的人，他们才是团队真正需要的“人财”，是团队最宝贵的财富。团队以人为本，是以这些推动团队向前发展的中流砥柱的群体为本，要充分地信任、使用、培养、尊重他们，为他们提供更多的机会和事业发展的平台与资源，促进他们更加健康地成长。

我们要成为团队中的“人财”，除加强自身职业技能外，首先要认同企业的价值观，一个从优秀到卓越的团队首先是先让合适的人上船，如果你和喜欢的人在同一条船上，这条船开到哪里都没关系。

以人为本，既然是以那些认同企业价值观而能力又符合要求的人为本，那么团队不能让所有的人都满意，也就是一件很正常的事。有人问过海尔集团 CEO 张瑞敏这样一个问题：重用人、提拔人、信任人、尊重人、让人满意、开心是不是以人为本？张瑞敏回答：是。又问：降级、批评、处分、是不是以人为本？张瑞敏回答：是。由此可以看出在企业家的头脑中，以人为本并非是简单地让人高兴与否，因此，我们要澄清一个观念，团队以人为本不是迁就人、养人；而是以那些认同价值观而能力又符合要求的人为本，通过团队这个平台来实现各方价值。

坚持以人为本，和谐发展，必须塑造团队成员的阳光心态，成员认同团队的价值观。在团队中存在这样两种人，一种是追随者，一种是打工人。追随者表现为：主动、心甘情愿、因愿景而动、责任感强、投入、充满激情、令人放心、展望期比较长，主要是他愿意为自己做事。打工人表现为：自卑、被动、无奈、为钱而动、责任感不强、投入度不足、激情不足……其差异的根本在于自己的意志没有与团队意志保持高度一致，随之其行为方式也有积极与消极之分，最终其结果也是大相径庭，前者为自己做事，后者为别人做事。为自己做事，就会百分百投入，在工作中增长见识，提升自己，通过团队这个平台实现自己的价值，继而得到组织的重用；为别人做事的人，在工作中总会斤斤计较，患得患失，对团队的规章制度，不是自觉地执行，而是打擦边球，当违反规定受到处罚时，还耿耿于怀，产生抵触情绪，在利益面前，摆不正团队与个人利益的位置，不关注团队绩效，首先想到的是自己得到了多少，根本谈不上顾全大局，打工人不会主动去工作、去帮助别人、去支持别人，因此，他也难以获得别人的帮助与支持，恶性循环的结果自然是工作产生不了良好的绩效，自己也得不到实质性提升，到头来一生都在为别人做事，没有自己的事业。如果团队以这样的人为本，就会大大挫伤那些既有能力又认同团队价值观敬业者的积极性，使团队失去竞争力。在企业经营管理过程中，绝大多数领导会保护弱者，所以事业干不大。比如说规定 8：50 开会，结果 8：50 现场只来了三分之一或者一半的人，这时候绝大多数领导会说，还有那么多人没到，那就等几分钟吧，这样做是保护谁？就是保护那些迟到的人，结果准时的人想，下次我也迟到，请问如此循环下去，执行力如何体现？企业的发展如何持续？经营的所有行为要符合商业逻辑，若是过度的慈悲，表面上看很有人情味，实则是纵容他人犯错，所以很多时候领导好心做了坏事。一个人的思想，产生一种行为，多个人的行为，产生一种文化，因此，一个团队一定要有自己的文化和核心价值观来统一成员的意志，在意志共同体下，规范团队成员的行为，互相赏识，互相配合，才能自觉形成合力。

2. 要抓好利益共同体的打造

团队是其每个成员实现自我价值的平台，而自我价值中重要的是利益机制，一个科学的利益分配机制能充分调动每个人的主观能动性，激励每个人的创造性。一个团队的首要任务是创造价值，只有创造更多的价值，才能得到社会的认同，而要创造出更多的价值，就必须充分依靠团队的每一个成员，科学的利益分配机制，就成了一个很核心的问题。“以绩论人，结果导向”是一种较为科学的价值导向，在这个基础上制定出“多效多得、多能多得、兼顾公平”的利益分配机制，就会最大限度地将每个人的潜能发挥出来。随着社会的进步和生产力的发展，我们要与时俱进，转变利益分配观念，如多劳多得。多劳多得旨在激励人们要勤奋，勤奋是干成事的前提，一个人的能力再强，只要不勤奋、不愿多干事，就会不主动思考和总结更多干好事的方法，更不会有干成事的结果。随着科学技术的进步与发展，用科学的方法改变原有做事的流程、技术，就会产生事半功倍的效果，大大提高工作效能。如果工作中只讲勤奋而不注重方法、不注重结果，就会在团队造成人浮于事、忙而生乱的现象，而效能的大小，做事结果就是最好的证明。一个团队在利益分配机制的制定上要将德才核心要素纳入利益分配机制中，并通过效能和结果加以验证。

三只老鼠一同去一个很深的油缸偷油喝，够不到油的它们想了一个办法，让一只老鼠咬着另一只老鼠的尾巴，吊下缸底去喝油，大家轮流喝，有福同享。第一只老鼠最先吊下去喝油，它想:“油这么多，大家轮流喝一点也不过瘾，今天算我运气好，干脆自己先下去喝个饱。”夹在中间的老鼠想:“下面的油没多少，万一让第一只老鼠喝光了，那我怎么办？我还是把它放了，自己跳下去喝个痛快！”第三只老鼠也暗自嘀咕:“油这么少，它们俩喝饱吃足，哪里还有我的份儿？倒不如趁这个时候，把它们俩都放了，自己跳下去喝个饱。”于是第二只老鼠狠心地放开第一只老鼠，第三只老鼠也迅速放开第二只老鼠的尾巴，它们争先恐后地跳下去了，最后三只老鼠都淹死在油缸里了。

任何一个团队，只有在科学的利益机制下，才能使全员在思想上高度统一、在行动上目标一致、在情感上产生共鸣，才能心往一处想、劲往一处使，从而形成强大的合力。生产力的发展，利益驱动是一个核心要素，制定科学的利益分配机制，是打造利益共同体的前提和保障。

3. 要抓好风险共同体的打造

利益共享，风险共担，从另外一个角度将团队的责任有效分解到每个成员。一个优秀的团队不仅在创造价值的时候能同甘，更重要的是在困难的时候能共苦，随着经济的发展，越来越多的人组建团队进行创业，如果只有利益分配机制，没有风险意识，那将给团队建设带来巨大的风险。团队在建设和发展过程中，容易出现的问题：一是团队成员缺乏风险意识，不注重风险管控；二是当风险来临时，缺乏应对机制，“夫妻本是同林鸟，大难来时各自飞”（出自《韩湘子全传》），大大削弱了团队抗击风险的能力，使原本可以度过的风险，因人心涣散而遭受灭顶之灾。说到底风险共同体，就是权利与义务、利益与责任的另一注解，一个长盛不衰的团队，一定要打造好意志、利益、风险三个共同体，这是一个团队生存和发展的保障。

4. 加强纪律建设，确保团队执行力

军队打胜仗，纪律作保障。军队作为一个特殊的团队，无论是在平时战斗力形成过程中的军事训练，还是在战时浴血奋战，如何克服生理极限，练就一身过硬的军事本领，做到平时多流汗，战时少流血，以最低的伤亡换取最大的胜利，捍卫国家的主权和人民的利益。如何克服恶劣的环境，如何战胜强大的对手，其艰苦性可想而知，不仅要面临困难的考验，更要面临生与死的考验，没有强有力的纪律能行吗？我们都知道干任何一项事业都会遇到各种挑战和困难，而应对挑战和困难仅靠一己之力往往无济于事，需要一个执行力强的团队才可能完成，而团队的执行力更重要的是来自于纪律的约束。管理学家斯蒂芬·P·罗宾斯在《组织行为学》一书中对团队的定义是：“团队就是由两个或者两个以上的，相互作用、相互依赖的个体，为了特定目标而按照一定规则结合在一起的组织。”一个优秀的团队一要有自己的核心价值观来统一成员的思想，明确团队的使命；二要根据不同的发展阶段，制订科学的目标；三要让每个成员要找准自己的定位，做到到位不越位；四要明

确责权，做到按级负责；五凡事有计划，有序推进各项工作。作为个人来讲始终坚持团队是一个整体，要真正把自己的心融入团队，自觉服从团队的管理与指挥，始终跟上团队的步伐，要明白即使是个人的问题也会影响到团队，当遇到困难和问题时，要善于借助团队的力量，形成同舟共济、共渡难关，才能在困难和问题中更好地促进团队的建设。

茫茫的大海中有几只海豚在觅食，忽然它们欣喜若狂地看到在海洋深处游动着一个很大的群鱼，这时，它们并没有因为饥饿而急于求成地冲向鱼群，如果那样，鱼群就会被冲散。几只海豚尾随在鱼群后面，用特有的声音“吱、吱……”向大海的远方召唤。一只、两只……越来越多的伙伴游了过来，不断地加入队伍中一起高声呼唤着！当海豚的数量聚到一百多只的时候，奇迹发生了。所有的海豚游动着，环绕在鱼群的周围，形成一个球状，把鱼群全部围拢在中间。海豚分成若干小组，有序地冲进球形中央，慌乱的鱼群无处可逃，变成这些海豚的腹中佳肴。当中间的海豚吃饱以后，就游出来，替换外面的伙伴，让它们进去美餐。就这样不断循环往复，直到每一只海豚都吃饱……

没有战无不胜的个人，只有战无不胜的团队，如果只强调个人的力量，你再有能力，也很难创造很高的价值；一个成功的团队，造就无数个成功的个人。当今时代，是一个知识经济的时代，各行各业的竞争比以往任何时期都激烈，对团队合作能力的要求也越来越高。一个优秀的团队远远胜于优秀个人的作用，只有优秀的团队，才能陶冶出集高瞻远瞩与尽心尽职于一身的优秀人才，造就勤勉、诚信、团结、高效、自律的员工队伍，使一个团队朝着更高更远的目标不断迈进。而个人的价值体现与利益保障来源于团队，所以团队中的成员要自觉将自己的利益与团队有机结合起来，为团队创造更大价值和利益。海豚成功地围猎鱼群，再次向我们显示了团队的力量，无坚不摧，这里面，有领导者的策划、组织者的英明和严密的组织纪律性。最关键的一点，就是大家没有把个人利益放在首要位置。因此，个人只有融入团队，才能更好地实现其自身价值。

5. 注重沟通

沟通是团队建设中重要的一环，一个团队的领导者大部分时间会用在沟通上。如开会、谈话、做报告、各种拜访、约见等。而工作中的问题大都也是由沟通障碍引起的。如常见的效率低下，实际上常常是有了问题、出了事情后，大家没有进行及时的沟通或不懂得如何去沟通而造成的。另外，团队执行力差、领导力不高的问题，归根结底，都与沟通能力的欠缺有关。

在团队管理中，沟通就好比人的血脉，假如沟通不畅，就像血管中的血栓一样，就会导致血液无法正常流动，产生严重的后果。因此，团队领导要学会沟通，掌握沟通的途径，因为它不只是语言，还包括动作、姿态、眼神、表情等。良好的沟通能力已经成为激发组织智慧和活力的关键因素，甚至关系到企业未来的发展。

一个优秀的团队，强调的是团队的精诚团结，而领导与成员之间如果沟通不好，往往会产生矛盾，形成内耗，影响工作的正常运转。对沟通能力，我们很多人往往感觉这是一种看不见、摸不着的东西，无从下手。加强团队成员之间的沟通，要注意以下三个方面。

一开诚布公的交流和沟通是团队合作的最重要环节。在日常工作和生活中，每个人都希望大家坦诚相待，很多时候人与人之间遮遮掩掩、言不由衷甚至挑拨是非的做法，都会严重破坏团队中的工作氛围，阻碍团队成员间的正常交流，最终给团队建设带来负面影响。只有通过坦诚的沟通，才能有效防止团队内部成员之间由于文化语境的差异而带来的矛盾和冲突，维护团队目标的一致性。比如，在开会讨论问题的时候，与会的所有人员都应当坦诚地交换意见，这样才能做出正确的决定。如果某个人因为考虑到某些其他因素（比如不愿表达与上级领导的不同意见）而在会议上不敢表达自己的观点，一味地唯唯诺诺，会后私下和别人说“其实我不同意他的观点”，这种不坦诚、不敢于坚持原则和自己观点的人，往往是对团队不负责任的表现，说到底还是私心作怪，怕得罪领导后自己的利益受损，这样看似一团和气的“老好人”，对团队的建设是十分有害的。

微软公司有一个非常好的文化叫“开放式交流”，它要求所有员工在任何交流或沟通的场合里都能敞开心扉，完整地表达自己的观点。在微软开会时，大家如果意见不统一，一定要表达出来，否则公司可能错过良机。当Internet刚开始时，很多微软的领导者不理解、不赞成花太多精力做这个“不挣钱”的技术。但是有几位技术人员，他们不断地提出他们的意见和建议，虽然他们的上司不理解，但是仍然支持他们“开放式交流”的权利。后来，他们的声音很快传到比尔·盖茨那里，促成他改变公司方向，彻底支持Internet。从这个例子我们可以看到，这种开放的交流环境对微软公司保持企业活力和创新能力都是非常重要的。

二沟通过程中要相互尊重，防止带敌意的争吵。相互尊重是良好沟通的基础，每个人只有在心系团队，以团队为公的前提下，相互尊重才能有效消除沟通中的误解和敌意，做到“事无不可对人言”；否则，就会出现“逢人只说三分话”“交浅不言深”使沟通达不到预期的目的。每一个人都希望有话直说，却由于各地的风土人情有所差异，因而产生不同的沟通方式，这是民族性的区别使然。大多数人喜欢自由自在、不受约束，沟通中也乐于有话直说，有些时候开放式沟通中，会造成激烈的辩论甚至是争吵，而吵到气头上有时会说出不尊重别人的语言，会破坏人与人之间的关系。微软公司的总裁史蒂夫·鲍尔默在微软把这种开放式交流文化改进成“开放并相互尊重”，要求在相互交流时充分尊重对方。当团队成员在沟通过程中有不同意见时，一定要用建设性的语言提出。同时我们也应注意到太多“先说先死”的案例，使人们深切体会“祸从口出”对务实者的伤害，唯有以团队为公，心无杂念，充分尊重对方，才能进行有效的沟通。

三要因人而异讲究方法，才能达到因人制宜的效果。每个人都有其自身的特点和个性，在沟通过程中一定要因人而异，讲究方法，才能达到因人制宜的效果。陶行知先生任育才学校的校长时，有一天他看到一位男生欲用砖头砸同学，就将他制止住，并且让他去校长办公室。等陶行知回到办公室时，看到男生已在等他。陶行知掏出一块糖递给他：“这是奖励你的，因为你比我先来了。”接着又掏出第二块糖给男生：“这也是奖给你的，我不让你打人，你立刻住手了，说明你很尊重我。”男生将信将疑地接过糖果。陶行知又说：“据我了解，你打同学是因为他欺负女生，说明你有正义感。”陶行知遂掏出第三块糖给他。这时男生哭了：“校长，我错了，同学再不对，我也不能采取这种方式对他。”陶先生又拿出第四块糖说：“你已认错，再奖你一块。我的糖给完了，我们的谈话也该结束了。”

1994 年波音公司经营遇到了困难，新总裁菲利普·康迪一上任，便邀请高级领导们到自己的家中共进晚餐，然后在屋外围着一个大火坑讲述有关波音的故事。康迪请这些领导们把不好的故事写下来扔到火坑里烧掉，以此埋葬波音历史上的“阴暗”面，只保留那些振奋人心的故事，用来鼓舞士气。

奥田硕是丰田公司第一位非丰田家族成员的总裁，在长期的职业生涯中，奥田赢得了公司员工的爱戴。他有 1/3 的时间在丰田城里度过，经常和公司里的 1 万多名工程师聊天，聊最近的工作，聊生活中的困难。另有 1/3 时间用来走访 5000 名经销商，听取他们的意见。

被誉为“用人之神”的松下电器前总裁松下幸之助认为，愿不愿与人合作是一个人具不具备管理能力的基本素质问题，而善不善于与人合作则是领导者的能力水平问题。如果你想领导一个团队朝着明确的目标前进，就需要提升团队沟通能力，就需要一支高效的团队作为后盾。

四要广开言路，畅通沟通渠道。作为一个团队要解决好团队沟通中出现的问题，其领导者要建立多种制度化的正规渠道，建立完善的沟通机制，加强团队员工的沟通，采取开放的沟通政策广开言路，如定期谈话、意见箱等，保证每一名员工能够直言不讳，保持高效良好的沟通；员工可以根据个人情况选择不同的沟通方式发表自己的意见，适时提出工作建议，遇到不满情绪时可以得到有效宣泄。

在日常工作中我注重与下属之间的沟通，坚持每月进行一次思想交流，遇到问题及时沟通，及时解决了员工思想上存在的问题，有力地推动了各项工作的落实，具体见表 4-1 所示。

表 4-1 关爱员工谈心活动登记表

<table>
<tr><td colspan="2">姓名</td><td>杨江萍</td><td>时间</td><td></td><td>谈心人</td><td>仲诗湘</td></tr>
<tr><td rowspan="3">谈心准备阶段</td><td>目前最需要的帮助</td><td colspan="5">如何为会员做好贴心服务：会员的对接服务通过网络或电话比舟车劳顿亲自面谈方便快捷得多。当然时机成熟双方需要时再见面，效果就要好得多。天九平台作为一个“红娘”，不是要将场面弄得多么热闹，形式多么体面，而是为会员做一些实际的服务。会员的对接活动要全力以赴,但目的与意义一定要弄清楚，这样做效果才是最好的</td></tr>
<tr><td>目前存在的主要问题及改进措施</td><td colspan="5">有时自己的理解与集团的决定有偏差，能执行但觉得不幸福：比如大会的用餐问题，我觉得吃饭不应该成为问题，但目前还解决不了大会用餐让客户满意，把吃饭问题弄得太复杂，工作人员累，多数客户也并不会感到幸福。如果与国际接轨，在吃饭时谈论过多的问题，既不卫生也不礼貌，可以改为多办几次酒会，酒会才是交谈沟通的场所。另外，用车与用房安排应该定一些规矩，定规矩是为了更好地为大家服务，不讲规矩没有原则的服务其实并不是好的服务，这样也不利于提升企业家的素质</td></tr>
<tr><td>制定谈心主题、设计谈心策略</td><td colspan="5">1. 客户有服务最终还是要回归到实效上。2. 服务过程中要围绕实效这个目标，灵活开展工作，创新工作方法</td></tr>
<tr><td rowspan="2">谈心实施阶段</td><td rowspan="2">谈心主要内容</td><td colspan="5">1. 工作中有自己的思想，对所负责的工作，能够独立完成。2. 在处理人际关系和服务态度上保持了热情和亲和力。3. 今年以来特别关心团队的荣誉，工作之余积极参与写作，刊物中多次出现自己的作品，展示了自己的风采，为团队其他成员树立了榜样。这些都是做好工作的最重要因素，望继续保持和发扬</td></tr>
<tr><td colspan="5">每个人的认识和想法都有局限，要能正确面对，达到目的且属于自己乐意接受的，固然很好，如果遇到不顺心的事，也要乐于面对，就当成是获得成功必须经历的过程吧。没有一个人、一个企业不想上进，成败只是方法不同而已，从中学会宽容和理解，并积极寻找其他解决的办法，人生所遇之事不失是对自己的一种磨砺</td></tr>
</table>

续表

<table>
<tr><td>谈心实施阶段</td><td>谈心主要内容</td><td colspan="6">1. 关于如何做好会员服务工作，随着市场的竞争和社会的整体进步，服务工作会遇到更多的新问题，但无论怎样，良好的服务态度和最大限度帮助客户解决问题，是我们工作的出发点和落脚点，只要我们秉承了这样的思想，工作就会有所收获。2. 关于大会用餐的问题，领导的想法是为了给客户提供一个结识人脉的场所，酒会也是解决问题的一种思路，今后用餐时还要加入对客户的宣传展示环节，组织工作会更加复杂，但为了事业，只要目前没有找到更好的办法，就要认真组织好每一餐。3. 关于用车的问题，若明确写入文件之中，其亮点会降低，不作明确规定，容易导致个别特例出现，这是个两难的选择，这些问题我也在积极思考</td></tr>
<tr><td rowspan="2">谈心结束阶段</td><td>谈心人对被谈心人的建议和期望</td><td colspan="6">经历中非慈善风波事件后，集团的发展又处在新的起点，曾经那么大的困难我们都经受住了考验，只要万众一心，全力以赴，就会迎来一个美好的未来</td></tr>
<tr><td>谈心人</td><td>仲诗湘</td><td>时间</td><td></td><td>被谈心人</td><td>杨江萍</td><td></td></tr>
</table>

五团队成员要学会互相欣赏，激发正能量。

团队中有各种不同类型的人，如动力型、开拓型、保守型、外向型、内向型等。而每个人又有各自独特的他人无法取代的优势和长处，当然每个人也都有弱点和短处，这就要求团队中的成员要学会互相欣赏，才能有效激发每个成员的正能量，形成优势互补，将团队的整体组合效应发挥到最佳状态。

有一天，五根手指聚在一起，讨论谁是真正的老大。大拇指骄傲地率先发言：“五根手指中，我排第一而且最粗大，人类在称赞最好或是表现杰出的时候，都是竖起拇指，所以老大非我莫属。”食指不以为然，急着辩解:“我才是老大，要知道夹菜时，没有我支撑着，根本夹不了菜，只有我才能让人类大饱口福。另外，人类在指示方向时，必须靠我。”中指不屑一顾地说:“五指中我最修长，犹如鹤立鸡群，而且我居最中间的位置，大家众星捧月，这不就是老大的证明吗？”无名指也不甘示弱，理直气壮道:“三位也未免太自大了，世上最珍贵的珠宝，只有戴在我身上才能相得益彰，因此，我才配称老大。”小指在一旁，只是静默不语。四个指头惊异地一起问道:“喂，怎么不谈谈你的看法，难道你不想当老大？”小指对答道:“各位都有显赫的地位，我人微言轻，只是当人类在双掌合十或打躬作揖时，我才最靠近真理与对方。不过，如果我们彼此分开,其威力又表现在哪儿呢？别人之所以怕我们,是因为我们五位一体，不可分割啊！”

《西游记》里的每个人都很重要。比方说孙悟空能打，能把事情做好，但是他很冲动，需要唐僧这样比较踏实的人约束；沙僧是一个勤劳的人，什么事情他都能踏实地去做；猪八戒是团队的“活跃剂”，没有猪八戒，整个团队会显得没有生气，有他在整个团队更加有血有肉。而唐僧是领导，他可能没有太多的能力，但是他永远非常清楚目标是什么，不管团队发生什么，他都非常明确地告诉团队所有人，他们的目标是去西天取经。如果没有他，团队早就散了，这样一个团队，虽然每个人都有缺点，而且很明显，但是他们组合在一起却无比强大。

成功源于接纳包容，因为你不可能变得十全十美，所以，你也不能要求别人完美无瑕。很多人的痛苦源于对人对己对环境的苛求。你真正可以做到的是融入团队，让团队成员因互补而彼此更加完美，或者说因此而让团队更有效率、更有活力。学习欣赏别人的长处，体谅包容别人的不足。先贤圣哲早就说过，见贤思齐，见不贤而内自省也，诚哉斯言！团队永远比个体更完美，所以智者善用他人之智，贤者善取他人之贤，能者善用他人之能。当你无力独撑大局，屈己从人就变得不同凡响了，团队因你黏合得更紧密，催化得更茁壮，你也因此成长，而彰显智慧。所以说，不能融入团队的人，永远也见不到完美。团队的力量是无穷的，一群蜜蜂，一群蚂蚁，为什么能在地球上繁衍生存数亿年仍生生不息？一群小小的蚂蚁，它们团结的力量多大？个体与团队就是鱼和水的关系。在个人与团队的利益发生冲突的时候，我们要懂得舍小我、成大我。

团队可以是拳头或手掌，它的威力来自每根手指的紧密合作，这是企业盈利的基础；团队不能成为一盘散沙，员工任何形式的偏离、隔阂、冷漠以及嫉妒和仇视，都将影响团队的建设，甚至毁灭团队。一个团队中个人再牛，其他人如果都不行，个人再厉害也没有任何意义，个人再优秀团队也同样会被否认。相反就不一样了，团队非常厉害，每个竞争对手都害怕，哪怕你在团队是垫底的，他们依然会很尊重你。

6. 制订科学的团队目标

目标是成功的起点，没有目标的团队只会走一步看一步，经常处于投机和侥幸的不确定状态之中，制订科学的团队目标无疑会调动团队成员的主观能动性，在制订团队目标时我们应遵循 SMART 原则。

S 即 Specific（明确性），就是要用具体的语言，清楚地说明要达成的标准，往往有很多团队不成功的重要原因之一，在于制订的目标模棱两可，或者没有将目标有效地传达给相关成员。假如团队订下的目标是增强客户意识，显然这样对目标的描述并不明确，因为增强客户意识的做法有很多，如减少客户投诉、提升服务速度、使用规范礼貌的用语、采用规范的服务流程等，都属于增强客户意识的做法，具体是指哪个方面，若不明确就没有办法评判、衡量。如果我们在月底前，把前台收银的速度提升至正常标准，这个正常的标准可能是 2 分钟，也可能是 1 分钟，或分时段来确定标准，以此来增强客户意识，这样的目标才具有明确性。

M 即 Measurable（可衡量性），是指目标应该是明确的、可衡量的，而不是模棱两可的，应该有一组明确的数据，作为衡量是否达成目标的依据。如果制订的目标没有办法衡量，就无法判断这个目标是否能够实现。

A 即 Attainable（可达成性），制订目标时领导总希望目标越高越好，但目标是要能够被执行人所接受的，如果领导利用一些行政手段，一厢情愿地把自己所制订的目标强压给下属，下属最典型的反应就是在心理和行为上产生抗拒。因此，在制订目标时，一定要通过沟通来达成共识，没有这个过程就谈不上可达成性。

R 即 Realistic（现实性），是指在现实的条件下是否可行、可操作，一个团队的目标是否具有实际意义，存在两种情形：一是领导者过分乐观地估计了当前的形势，低估了达成目标所需要的条件，这些条件包括人力资源硬件条件、基础条件、系统信息条件、团队环境因素等，以至于下达了一个高于实际能力的指标；二是可能花了大量的时间资源，甚至人力成本确定的目标，根本没有多大的实际意义。因此，团队目标的现实性要从两个方面看，第一是不是高不可攀，第二是否符合团队对于这个目标的投入产出期望值，目标的实际性需要团队领导认真衡量。

T 即 Time-based（时限性），也就是说目标是有时间限制的，没有时间限制的目标，没有办法考核，会带来考核的不公。上下级之间对目标轻重缓急的认识程度完全不同，上司着急，但下面不知道，到头来上司可能暴跳如雷，而下属觉得委屈，这种没有明确时间限定的方式，也会带来考核的不公正，挫伤下属的工作热情。

企业经营管理如何充分发挥目标制定与自我控制两大激励功能？根据个人多年的管理实践，以制订年度目标为例，重点要做好以下五点。

一是开好一个会。在年度工作总结时，通过在对一年来经营管理上所取得的成绩与经验，存在的问题与教训以及改进措施客观总结的基础上，重点围绕企业产品、资源、市场三大要素，从不同角度进行深度剖析，客观得出企业目前所处的经营环境和发展机遇。如产品优势如何得到更好的发挥？劣势如何有效克服与改进的具体办法？产品为客户创造了什么价值？帮客户解决了哪些问题？还有哪些需求可以增加到产品上？有哪些独特的资源？有哪些可开发利用的资源？有哪些要进一步巩固深挖的资源？有哪些过时需要放弃的资源？如何才能用好这些资源？让资源真正转变为实现资本的具体方法与措施以及使用不同资源时应注意的事项？只有通过对资源正确充分的利用，才能让资源在经营过程中发挥真正的价值，毕竟任何资源的利用都会涉及经营成本。目前国际、国内市场的行情如何？企业产品在市场发展的空间有多大？市场后期发展趋势？企业的经营机遇在哪里？企业目前在市场的核心竞争力是什么？有哪些可以进一步提升？有哪些需要加以注意等一系列问题？这些都是从不同角度进行全面综合剖析，让所有经营者清晰知道企业所处的市场环境，为制订合理的经营目标奠定认知基础。

二是保证两大参与主体。企业年度目标制订，不仅仅是直接经营者的事，也是经营者与经营目标达成相关的各职能部门负责人两大主体的事，虽然经营目标的达成从直观来看是各级经营者，但在经营管理过程中，非直接经营者的各职能部门的赋能与目标达成也是息息相关的。因此，年度目标不仅是各级经营者的目标，也是各职能部门的目标，目标达成了所有人都应该奖励，目标未达成企业中所有成员都应该自觉接受考核，只不过要根据经营者与职能部门对目标达成贡献度的大小，制定不同的奖惩比例而已。只有这样才能形成“全营一杆枪”，才能凝心聚力，才能在工作中通力协作，才能自觉相互支持与配合，扫除相互扯皮、执行不力等内耗现象。

三是明确三个目标。在开好一个会的基础上，企业财务可以根据当年经营成果，比较科学地测算出三个目标：一是企业生存目标，根据来年人员规模、薪资成本、办公成本、其他显性成本总量对应的毛利润，即企业经营财务盈亏平衡点，作为生存目标；二是发展目标，即按照影响目标达成三大要素（产品、资源、市场）综合衡量的基础上，测算出企业正常可实现的年度毛利润目标；三是超越目标，在发展目标基础上通过调动各种生产要素的有利因素，可达成最大的毛利润，即为企业来年的超越目标。生存目标通过行政指令下达各经营单位，与薪资、降级挂钩，生存目标达不到的经营者，按照事先制定的标准直接降薪降级，职能部门按照比例与绩效工资挂钩；发展目标与超越目标均实行阶梯奖励，只不过超越目标的最高奖励比例宜控制在财务可承受的范围内。在此基础上，各级经营者通过综合测算，便会得出本单位来年可达成的有效目标，并签定目标责任书。目标考核时，达成目标的，按照目标责任书所明确的奖励标准进行奖励；未达成目标的，按照实际达成目标所对应的奖励比例的 90% 进行奖励（具体比例可事前协商，达成共识）。如发展目标毛利润 5000 万元对应奖励标准为 3%，1 亿元为 8%，超越目标 2 亿元为 20%（1 亿元到 2 亿元增量部分，以此类推，均为阶梯奖励）。某经营单位年度目标为 1 亿元，到时有三种情况，若达成 1 亿元目标可拿

800 万元奖励，若实际目标达成 5000 万元，可拿 135 万元奖励（5000 万元 ×3%×90%，比 5000 万对应目标奖励少 15 万元），若实际目标达成为 2 亿元，可拿 2600 万元奖励（1 亿元 ×8%+1 亿元 ×20%×90%，比 2 亿元对应目标奖励少 1400 万元）。无论经营者如何制订目标，只有当制订的目标是科学、准确、可行的，其收益才会最大化，这样就会有效避免目标过高或过低的问题。这样的目标才趋于准确，既有利于企业财务预算管理，也让企业各级管理者心中有数。

四是抓好四个环节。第一个环节是开好一个会；第二个环节是各级经营者层层动员，在深刻领会会议精神的同时，认真分析自身经营环境，结合本单位实际情况，从下而上申报年度奖励（即合理的年度经营目标）；第三个环节是各级经营者要根据年度目标，制订计划与措施，加强过程管控，及时发现问题与纠偏。第四个环节是各职能部门要结合企业年度目标与各经营单位在工作中存在的问题，及时给予指导与赋能，确保企业年度目标达成。

五是关注一个结果。无论是月度、季度目标，还是年度目标，企业经营最终是要以成果说话的，目标达成与否，直接关系到企业经营决策与战略管理，凡未达成目标的，均严格按照目标责任书进行管理。在实际工作中，为了防止目标达成过程中出现大幅波动，目标考核主要以年度目标考核为主，月度和季度目标考核可按照一定比例进行，对完成月度或季度目标的，应得的奖励可预留部分在年终发放。这样既可以给未达月度或季度目标者更多达成目标的机会，同时，也会加强企业财务风险管控力度。总之，通过目标制定工作，将自上而下的行政性指令目标，从不理解、不认同、不清晰、无方法产生的压力，转变成各级消除分歧、达成共识、自主申报、自我激励、自我管控、自我修正的动力，减少各种不切实际的繁文缛节和形式主义，做到千斤重担有人挑，人人头上有指标，做到各项工作高质高效的落实，做到每人、每时、每事都在为自己的目标而竭尽全力，将自己的潜能与智慧发挥到极致，让激情如火山般喷发，让企业焕发出勃勃生机。

7. 团队建设“三三四”工作方法

根据多年在管理工作中的实践，我将一些行之有效的方法进行了总结，但由于管理工作的核心对象是人，而人的管理重点在于激励。如果将管理划分为三大职能，按照其重要程度，激励占 50%，赋能占 30%，控制占 20%，当然管理工作仁者见仁、智者见智，况且管理工作中的情况与对象也处于不断变化之中。我们一定要本着实事求是、与时俱进的精神，正确运用他人经验，切不可削足适履、生搬硬套，避免造成工作被动。

三效：一个团队的核心骨干大多处于管理岗位，我们对处于管理岗位的核心骨干，要充分发挥其模范带头作用，当然也要对他们寄予更高的要求。“三效”就是要求每一个管理骨干，一是在工作中成为下属的工作教练，做到对下属的本职工作会讲、会做、会教、会做思想工作，这样让管理骨干的价值在工作中充分发挥，增强其工作的成就感，同时管理骨干“四会教练”作用的发挥，也有利于团队战斗力的提升。二是在生活中成为下属的益友，2012 年 7 月 21 日至 22 日北京及其周边地区遭遇 61 年来最强暴雨及洪涝灾害，当时，我所在的天九儒商投资集团孵化中心综合管理办公室经理赵德娟，家中受灾情况严重，而此时公司也因客户需要关怀与慰问，一时之间工作量增加不少，赵德娟也像所有的天九人一样，以客户为中心，克服家中的困难，坚守在自己的岗位上为每位客户热情地服务，其行为令人感动，当时我代表综合管理办公室向赵德娟的家人发去慰问信与慰问品。

慰问信

赵德娟同志及亲属：

7月21日北京遭遇61年来特大暴雨，一时间洪水泛滥，使人们的生命安全、财产安全遭遇到不同程度的损失，特别是给人们的生活带诸多不便，我们感同身受。你们所居住的房山区是这次特大暴雨受灾最为严重的地区，几天来，你们经受了停电、停水的考验，可以想象在没有电、没有水的炎炎夏日，有老有小的一家人，生活将是多么的不便，你们受苦了！天九集团孵化中心综合管理办公室全体成员向你们致敬，向你们表达亲切的慰问，你们辛苦了！期盼着你们早日恢复其乐融融、温馨幸福的正常生活。

几日来，你们的好儿媳、好妻子、好妈妈——赵德娟，仍一如既往坚守在工作岗位上，没有因为家庭的困难向领导叫一声苦、走一分神，始终把工作放在第一位，不是她不懂得家中的长辈此时更需要孝敬，不是她不知道孩子此时更需要母爱，只是默默地坚守着自己的岗位。铁肩担道义、妙手著文章，你们的好儿媳、好妻子、好妈妈，一直就是这样，尽职尽责地做着自己的本职工作，沧海横流方显英雄本色，在你们最需要她的这些天里，更显得赵德娟对工作负责、对事业忠诚。她优秀的职业精神和职业素质一直是我们学习的榜样，也一直激励着我们。在此，综合办公室全体成员感谢你们全家，谢谢你们！

一方有难，八方支援，是中华民族的优良传统；建设幸福企业是天九集团的最终目标，以人为本也是天九的核心企业文化。天九是一个大家庭，怀着感恩的心情，我们特向你们全家表示诚挚的慰问，希望你们能够接受我们这种表达方式。一封慰问信、一点慰问品，只能表达我们的一点心意，传递我们每个人的亲情，给予也仅是一种精神力量，我们知道这样并不能帮助你们解决目前面临的实际困难，在困难面前还希望你们满怀信心，乐观面对，天灾无情，人有情，我们的心始终与你们在一起！

让我们一同发出心声：携起手，共克时艰；心相连，幸福永远！

天九儒商投资集团孵化中心综合管理办公室全体成员

二〇一二年七月二十五日

此举虽是一件小事，却令赵德娟及家人非常感动。又如 2012 年 10 月综合管理办公室副总经理杨江萍喜得千金，我代表办公室全体同事发去贺信。这些事例在我所在的部门还有许多，大家都把这些自觉融入“以客户为中心，让奋斗者幸福”的天九文化之中，这无疑增加了团队的凝聚力与向心力。

恭贺赵建、杨江萍喜得千金

欣闻二位又添千金，大家与你们夫妇一样备感幸福和温馨，小公主的诞生，给人类带来新的希望，给大家带来了新的欢乐和喜气，虽然未蒙面，我们感到她一定是位快乐的天使，是幸福的传承者和营造者，大家衷心祝愿小公主在亲情、友情的呵护下健康成长！

赵家天子杨家将，世代名门子孙旺；

膝下龙凤呈吉祥，家和人兴幸福长！

天九幸福集团孵化中心综合管理办公室

二〇一二年十月十九日

一个优秀的管理者首先要懂得欣赏人、理解人、关心人，当下属在生活中遇到困难时，要给予一定的帮助，用情感纽带紧紧将下属与自己联系在一起。这些年无论在部队，还是转业回到地方，只要我出差或回家探亲，回来时总要给战友或同事带一些当地的土特产，虽然花钱不多，但却增进了人与人之间的感情。常言道：“情之所至，金石为开”，只要我们以对待家人的情感去对待同事，用实际行动去感化下属，就能很好地增强团队的向心力、凝聚力和战斗力。三是在人生道路上成为下属人生成长的导师，作为一名管理者，很多时候充当着传道授业解惑的角色。一个团队管理者就是这个团队的领导者，其下属就是自己的追随者，特别要在眼光、境界、胸怀三个维度方面给下属做好表率，要用自己的“三维”指导和帮助下属，要用自己的影响力去影响下属，让下属心甘情愿追随自己，这样的团队才会在自己的带领下赢得未来。

三能：团队中所有非管理人员是各项具体工作的执行者，在达成团队目标的过程中，承担着大量的具体工作，一个团队要达成既定的目标，每个非管理人员要做到“三能”。一是能干，即能独立完成本职岗位所承担的工作任务，独立承担本职岗位应履行的职责，只要团队中每个人都能独当一面，再加上领导的协调统筹与赋能，那么一般情况下，团队的目标均能顺利达成，当然团队中的任何一个成员，只要团队目标能达成，也自然体现出了成员能干的职业素质，并从中获得团队荣誉感。二是能讲，工作中团队成员除了能够独立完成本职工作外，还要能讲，在工作中不断提升团队成员的演讲能力，不仅会增强团队成员总结演讲水平，更重要的是为本单位持续稳定发展培养后备人才。这不仅使本团队在工作处于领先地位，同时，也让团队成员为后期发展奠定了坚实的基础。团队中的任何人，只要做事情、想问题均站在上一级的角度，用上一级的标准与要求去看待团队应该如何发展，就会自觉理解和服从上级的管理，顺利实现团队内部的协同。三是能奉献，这也是团队中非管理人员向管理岗位跃升的重要素质，一个人不仅有才，做到能干、能讲，同时，最重要的是要有德，而奉献也是衡量一个人品德的重要内容。只要一个人能站在利他的角度，就会在名利面前不争名夺利，而甘于付出奉献。一个非管理人员，具备了“三能”，就会抓住走向管理岗位的机会。

四会：团队中的每一个成员，无论是管理者，还是非管理者，都应做到“四会”。一是会使用工具，随着科学技术的发展，在一定程度上代表生产力水平的生产工具，也越来越先进，每一个团队成员都应熟练掌握和使用完成本职工作的各种工具，才能确保团队各项任务，按时、按质、按量完成，最终确保整个组织的目标达成。二是会发现问题，身处在日新月异的年代，科学技术、商业模式、竞争模式、产业升级、产品迭代等，可以用瞬息万变来形容，当然在这样的情况下，各种新问题、新矛盾会不断涌现，作为团队中的每一位成员，必须与时俱进，及时发现工作中存在的问题。发现问题是解决问题的起点，在如此快速发展的今天，工作中不发生新变化，不出现新情况，不产生新问题的团队或组织几乎凤毛麟角，所以每个人必须要用敏锐的眼光去发现问题。三是会解决问题，对于同一个问题，有的人能看到问题的根源，有的人只看到表象，对于问题是否能看得透，分析是否到位，也决定了解决方案的效果。天九在 2020 年新冠肺炎疫情期间，以往的线下活动无法进行，通过团队创新，将线下活动改为线上活动，原先众多参会者对新的参会形式非常感兴趣，短时间内报名人数暴增，会议规模一时之间达到了 50000 余人，超出了原先线下活动人数 20 多倍。随之而来的问题是报名客户的参会服务工作，如何才能整理出报名客户、参会客户、统计出参会率、客户满意度……这些问题一时之间也成了客户管理中心工作的焦点，在参会客户超预期情况下，客户管理中心只能临时增加人员，突击加班进行解决，但随着第一次会议出色的效果，公司便加快了会议档期。为解决服务团队所面临的问题，我在组织大家进行头脑风暴会时，有的提出增加人员，有的提出提高报名条件，提升参会人员质量……通过头脑风暴，最终我们认为临时增加人员加班解决会议服务工作，已成不可持续之势，无论是增加人员，还是提高参会条件，都没有找到问题的根本。而最终解决的办法是，通过技术手段，完善会议管理系统，报名客户通过扫描二维码参会，同时对会期合作客户、合作金额、意向客户、意向金额、参会率、全部实现自动化。通过这一方案的实施，在后期的会议中，效果非常明显，在没有增加任何人员的情况下，会议活动各项数据比原先更准确、更及时。当然任何一个问题，从不同的角度都会得到不同的解决方案，在众多的解决方案中，谁才是最有价值的解决方案，不妨通过团队头脑风暴的方式，从众多的方案中找到更加理想的解决方案。同时，这样做也会大大提升团队成员分析问题、解决问题的能力。四是会传播正能量，职场之中一切正能量如同兴奋剂，让人激情四射，随时随地都会让每一个人的精神处于最佳状态。反之，一切负能量都会让人消极、颓废、丧失斗志，甚至像瘟疫一样影响团队的战斗力，两种不同的状态，其工作成果千差万别。上述团队建设“三三四”工作法，只要团队中任何一个成员做得好，有成果、有案例，团队的管理者都应给予奖励，并不断激励其他成员，久而久之团队成员就会养成这种良好习惯，就会自动自发完成好各项任务，作为一名团队管理者，就可以让管理工作进入无为而治的境界。

8. 横向流程管理

如果说团队建设“三三四”工作法打造的是团队纵向领导力，那么横向流程管理则是打造的组织执行力。

流程管理是一种以规范化的构造端到端的卓越业务流程为中心，以持续提高组织业务绩效为目的的系统化方法。在流程管理中，流程中各个节点上的工作，由具体的人/岗位负责，流程负责人对整条流程的成效负责。如果说一项工作的流程很短，在一个部门内形成闭环，那么本部门负责人就可完成其工作的指挥与协调；而在企业经营管理过程中，很多工作流程横跨若干部门和岗位，不同部门负责人就成了工作流程各个环节的协同人。在整个工作流程中，往往会遇到下一环节承接者的行政职务低于上一环节执行人的情况，工作上下环节间就容易发生难协同、难沟通、各行其是、相互扯皮的问题。一个环节出现问题后，未得到解决，随之流向下一个环节，即使每个环节出现细微的问题，待到结果出来时，其结果偏离目标甚远。当下一环节向前追诉时，往往会因跨部门、跨岗位而使问题得不到及时解决，严重影响到当前工作的进度和质量。出现这样的现象往往是由于上下环节行政职务不对等或无直接管控力而造成的，上一环节自认为在行政职务上占优势，下一环节理当听从自己，即使行政职务同为平级，或低于下一环节时，往往也会因不属直接上下级关系，而不能形成很好的协同，使下一环节的工作陷入被动。

如何才能有效协同，形成合力？这就需要在流程管理中明确，工作流程中的各个环节和个人都必须围绕整个工作目标开展工作，除牢固树立将问题终结在本环节外，工作流程中始终坚持下一环节对上一环节的工作质量进行管控，任何上一环节直接对下一环节负责。在工作流程中不讲行政隶属关系，只讲上下环节，始终将上一环节工作质量成果、时间节点的管控权归属到下一环节。凡是工作流程中出现的问题，只要移交到下一环节，下一环节发现后便可行使本环节的监督考核权，即向上一环节当事人直接领导提出质量考核，这样层层管控、环环相扣，就会避免工作相互扯皮，效率低下的问题。

以工作流程为核心的管理方式，一是打破了传统的以组织架构管理环节的烦琐，大大提高了管理效率；二是管理更加直截了当，更便于工作协同；三是在以结果为导向的管理工作中，很快就能查找到问题所在环节，大大缩短了发现问题的时间。

四、个人在团队中如何实现自我价值

一是把个人利益与他人绑在一起。有一个人想知道天堂和地狱的人各自是怎么生活的。上帝满足了他的愿望。在地狱，他看到人们一个个饿得仅剩皮包骨，但是，饭桌上并不是没有吃的东西，而是因为他们拿着一米长的筷子，拼命往自己嘴里夹，然而还没喂到嘴里，菜就掉了。在天堂，他看到人们过得富足而快乐，但饭桌上的菜肴和地狱并没有两样，他们也拿着一米长的筷子，所不同的是，他们所夹的菜，不是喂自己，而是喂对方。天堂和地狱往往在于一念之差，心态和行为方式不同，就会导致不同的结果。成功总是青睐那些乐于付出的人，只有先付出，方能有收获，如果过分地突出自己而不肯与他人合作，那就很有可能失去自己心中所希望和祈盼的一切。这就好像我们要建筑一座富丽堂皇的大厦，光有设计精巧的图纸，只靠自己的一己之力是不能让它成为美好现实的。

在团队中，任何个人的利益都是和他人捆绑在一起的，帮助别人就是强大自己，别人得到的并非是我所失去的，相反的是帮助别人就是帮助自己。

二是把个人利益与团队绑在一起。三个和尚在一所破寺院里相遇。“这所寺院为什么荒废了？”不知是谁提出的问题。甲和尚说：“必是和尚不虔，所以菩萨不灵。”乙和尚说：“必是和尚不勤，所以庙产不修。”而丙和尚说:“必是和尚不敬，所以香客不多。”三人争执不休，最后决定留下来各尽其能，看看谁能最后获得成功。于是，甲和尚礼佛念经，乙和尚整理庙务，丙和尚化缘讲经。三个和尚各尽其能后，果然香火渐盛，原来的寺院恢复了往日的壮观。此时甲和尚说：“都因为我礼佛念经，所以菩萨显灵。”而乙和尚说：“都因为我勤加管理，所以寺务周全。”继而丙和尚说：“都因为我劝世奔走，所以香客众多。”三人争执不休、不务正事，渐渐地寺院里的盛况又消失了。就在各奔东西的那一天，他们总算得出一致的结论：这里寺院的荒废，不是哪一个人的责任，而是我们大家共同的责任，关键是我们每一个人有没有履行好自己的工作职责和承担自己的工作责任。

三是个人价值的体现要以团队价值实现为基础。大雁迁徙时往往排成“人”字形或“一”字形，前面大雁的飞行可以掀起一股向上的气流，从而减少了后面大雁的空气阻力，当领头雁飞累了的时候就会发出信息，队列中的另一只强壮的大雁就会自觉地飞上去替补。有人做过这样的实验：用枪射杀第一只大雁后，队形依然会保持不变，动物学家们的实验表明，大雁长距离结队飞行的速度是单只大雁飞行速度的 1.73 倍。正是这样一种善于奉献、团结合作的精神，使得大雁能够冬去春来，长途迁徙数千里；同理，个体的价值体现也必须依靠团队才能充分实现，只有团队成长了，我们个人才可能有发展的空间。美国著名管理大师彼得·圣吉说：“不管你个人多么强大，你的成就多么辉煌，你只有保持你与他人之间的合作关系，这一切才会有现实意义。”

团队精神的形成并非要求团队成员牺牲自我，相反，挥洒个性、表现特长，却更有利于促进共同目标的达成，而明确的协作意愿和协作方式则产生了真正的内心动力。团队精神是企业文化的一部分，良好的管理可以通过合适的组织形态将每个人安排至合适的岗位，充分发挥集体的潜能。如果没有正确的管理文化，没有良好的从业心态和奉献精神，就不会有团队精神。因此，团队精神必须要有一个良好的形式载体，必须要有制度体系来维护和巩固，如同球队的纪律性和严肃性就是赛场上发挥团队精神的有力保障。

第五章

法、理、情与情、理、法

工作和生活无时无刻不涉及法、理、情，列宁说过，“真理只要向前一步，哪怕是一小步，就会成为谬误”。可见真理是在一定范围内或一定限度内才成为真理，如果超出了一定的范围或限度，就会成为谬误。如何理顺法、理、情三者的关系？如何正确运用法、理、情有效地解决工作中存在的问题并提高工作效能？无疑是每一个职场人都应该思考的问题。

一、法、理、情的释义

法：是反映统治阶级的意志和利益，由国家制定或认可的，并以国家强制力保障实施的行为规范。

法还是处理事物的手段，如办法、方法、手法等，仿效、标准等方面的含义。在此我们探讨的法，主要是以体现统治阶级意志，国家制定和颁布的公民必须遵守的行为规则如法律、法规。统治阶级要维护其政权的稳定、社会的和谐，确保其领土和主权完整，就必须要有一个强而有力的法制环境，只有人人懂法、自觉守法，社会才会稳定、和谐、有序，民众的生命财产才有安全保障，国家是一个大团体，企业是一个小团体，企业的发展同样离不开规章制度的保障。

理：物质本身的纹路、层次，客观事物本身的次序；也有“事物的规律，是非得失的标准”等含义。

不同的是，在唯物主义哲学中一般指事物发展的规律、条理；在唯心主义哲学中，主要指抽象观念、精神实体。在此，我们讨论的“理”是客观事物本身的规律和是非得失标准。

情：外界事物所引起的喜、怒、爱、憎、哀、惧等心理状态或事物的一种状况。心理状态如：亲情、友情、爱情、情绪、情义、性情、情操等。事物状态如：实情、事情、国情、情形等。在此，我们讨论的“情”是指外界事物所引起的心理状态。

二、法、理、情三者之间的关系

1. 情是理和法的情感基础

天有日月星辰，地有春夏秋冬，人有喜怒哀乐，我们这里所说的情，更多的是指人们的心理状态。就一个人的情来说，有“有情”与“无情”之分，也有真情假意之别，更有公利与私情之差，正因人们有了这样丰富的感情色彩，才能创造巨大的精神财富。但人是存在于社会之中的个体，每一个人都有自己独特的感情世界，而每一个人能力的大小，决定了自己所从事的职业和社会分工不同，每个不同的情感带来了不同的需求，不同的情感需求将会带给社会各种矛盾和冲突。爱美之心人皆有之，但不能见到自己心仪的人，想爱就爱，想拥有就拥有，不能将别人好的东西任意据为己有，不能损人利己，更不能干损公肥私之事。个人的情感和物质财富的获得，都必须要在两情相悦且符合国家法律法规和社会道德底线的前提下去争取，正所谓“君子爱财，取之有道”，道就是规律和社会公认标准。如果没有一套符合社会公认的道德底线和有效的法制进行约束，个人的情感将肆无忌惮、肆意倾泻，则社会不得安宁，正是为了保障每个人的情感在社会公认的道德标准下最大限度创造更加有利于社会公众的精神财富，法理随之诞生。

法的强制力对每一个人来说，不存在喜欢与否，都必须自觉服从，否则会受到法律的约束和制裁；而“理”是客观事物本身的规律和次序，也是人们日常生活和工作中必须遵循的准则，凡事都要按照规律办事，不得违背其自然规律，否则会遭受到自然规律的制约，它虽不像法那样具有明显的强制性，但也必须遵循，才能构建人与人和谐相处的社会秩序和人与自然和谐发展的环境。无论是人们在日常工作和生活之中的通情达理，还是按照法律法规处理涉法问题时的动之以情、晓之以理，都需要以情感为基础，正所谓没有规矩不成方圆，而一个国家要长治久安，一个社会要不断解放和发展生产力，促进经济繁荣与社会发展，离开了法理是不行的。我们每一个人，一生都在追求自己的幸福，而追求的幸福，由于个人不同的世界观、价值观、人生观所决定，会有不同的个人行为，在社会实践活动中就有可能引发各种观念冲突、利益纠纷，人与人之间的一切矛盾，归根到底是人们不同的情感中派生出来的不同世界观、价值观、人生观之间的矛盾。要规范人们的行为和处理社会矛盾，就必须做到有法可依、有法必依、执法必严。

2. 理是情的规范，又是制定法律、制度必须遵循的自然规律基础

理是客观事物本身的规律和秩序，也是人们日常工作和生活中判断是非得失的标准。常言说“有理走遍天下，无理寸步难行”，理是客观事物本身的规律和秩序，这就表明任何人说话办事都得遵循，不得以个人喜好行事。在日常生活中，我们也不难见到好心办坏事的现象，下面几个故事就很能说明问题。

故事一：在蛾子的王国里，有一种蛾子由于它的硕大和美丽，人们

把它叫作“帝王蛾”。帝王蛾的幼虫是在一个洞口极其狭小的茧子中度过的，当它的生命要发生质变时，这狭小通道对它来讲无疑成了鬼门关。那娇嫩的身躯必须拼尽全力才能破茧而出，太多的幼虫在过“鬼门关”时力竭身亡，不幸成了“飞翔”的祭品。有人怀了恻隐之心，企图将那幼虫的生命通道弄得宽阔一些，便拿来剪刀，把茧子的洞口剪大。于是，茧中的幼虫不用费多大的力气，轻易就从那个牢笼里钻了出来。但是，所有得到“救助”的蛾子，都成为了“好心人”的牺牲品，它们无论如何也飞不起来，只能拖着丧失了飞翔功能的双翅在地上笨拙地爬行！原来，那“鬼门关”般的狭小茧洞恰是帮助帝王蛾成就双翼的关键所在。幼虫穿越的时刻，通过用力挤压，血液才能送达蛾翼的组织中去，使其充血，帝王蛾的翅膀才能发育成熟。人为地将茧洞剪大，蛾子的翼翅就失去了充血的机会，永远与飞翔绝缘。

故事二：有个猎人上山打猎，见到一对老鹰正在追啄一只幼鹰，迫使幼鹰展翅飞翔，幼鹰被啄得遍体鳞伤，嗷嗷惊叫。猎人见了，愤怒不已：哪有母亲这样对待子女的！于是操起猎枪打死了这对老鹰，把幼鹰带回家养好伤，然后放幼鹰回到大自然中，可是，这只幼鹰却因不能飞翔扑食而活活饿死。故事中，老鹰追啄幼鹰，表面上看是“恶”，而实际上是为了幼鹰的成长。猎人“好心”救了幼鹰，却破坏了鹰的自然生态，间接害死了幼鹰。“人自作聪明时往往都会适得其反”，这句话不是没有道理的，要遵守自然之道，否则会好心办坏事。

故事三：巴尔扎克笔下有这样一个故事，面粉商人高老头十分娇惯女儿，他把大部分财产作陪嫁，让女儿挤进上流社会，过着贵妇人般的奢侈生活。可是，出嫁后的女儿们，在榨取了父亲的最后一点养老金之后，就把他当作榨干了的柠檬，无情地抛弃了他。法国教育家卢梭说：“你知道运用什么方法，一定可以使你的孩子成为不幸的人吗？这个方法就是对他百依百顺。”这就是溺爱。柳宗元在《种树郭橐驼传》中说：“虽曰爱之，其实害之；虽曰忧之，其实仇之。”这是对“溺爱”一词最好的注解。《韩非子·五蠹》有云：“人之情性莫先于父母，皆见爱而未必治也。”这是说人与人之间的感情没有比得上父母爱子女之情的，但是只有爱，不见得就能教育出好孩子来，因为爱有时也是一种伤害！

在现实生活中，我们也不难看到这样的现象。

随着全球经济一体化的推进，人们改造自然、利用自然，是为了生活得更好，为了实现这个美好的目的，动员了全部的聪明才智向自然无度索取，但这些想法必须要符合事物的客观规律，否则，就会遭受到客观规律的制约。

生活中，一些父母出于慈爱，在培育孩子时往往过度宠爱，生怕孩子吃苦受罪，什么事都一手操办，导致孩子教育的缺失，生活不能自理。在这样环境下长大的孩子，心理承受能力非常脆弱，一旦走向社会，遇到些许困难和挫折就会气馁，缺乏战胜困难的勇气，容易对生活丧失信心，缺乏开拓进取的正能量。俗话说：“不经历风雨，怎能见彩虹？”是雄鹰就应该到苍穹中翱翔，越飞越高；是砖头就应该到烈火中焚烧，越烧越硬；是人才就应该到艰难困苦中锻炼，越炼越勇。含泪播种的人，一定能含笑收获；莎士比亚说过：“患难可以试验一个人的品格，非常的境遇方可以显出非常的气节。”

人有丰富的情感，也有丰富的想象力，但事物自身的客观规律任何人任何时候都必须遵循，不得以个人的喜好行事。

3. 法是情的最高体现，又是强制人们遵循的理性行为规范

一个国家、一个企业或一个家庭，都是一个团队，只不过有大小之分而已。衡量团队建设最重要的标准，是这个团队和谐与否。只有和谐有序的团队才有可能将成员的力量有效发挥出来，形成强大的凝聚力、向心力和战斗力。而和谐团队的建设，仅靠个人主观愿望和一己之力是难以办到的，必须以强有力的制度作保障。无论工作还是生活，我们都会遇到很多问题、冲突和利益纠纷，靠什么解决？我想，无论是以“法、理、情”顺序处理社会层面的原则性问题，还是以“情、理、法”顺序处理生活层面的非原则性问题，归根到底还得靠制度。

蜀后主建兴六年（公元228年），诸葛亮为实现统一大业，发动了一场北伐曹魏的战争。他命令赵云、邓芝为疑军，占据箕谷（今陕西汉中市北），他亲自率10万大军突袭魏军据守的祁山（今甘肃），任命参军马谡为前锋，镇守战略要地街亭（今甘肃秦安县东北）。临行前，诸葛亮再三嘱咐马谡:“街亭虽小,关系重大。它是通往汉中的咽喉。如果失掉街亭,我军必败。”并具体指示让他“靠山近水安营扎寨,谨慎小心,不得有误”。

马谡到达街亭后,不按诸葛亮的指令依山傍水部署兵力,却骄傲轻敌,自作主张地将大军部署在远离水源的街亭山上。当时,副将王平提出:“街亭一无水源，二无粮道，若魏军围困街亭，切断水源，断绝粮道，蜀军则不战自溃。请主将遵令履法，依山傍水，巧布精兵。”马谡不但不听劝阻,反而自信地说:“马谡通晓兵法,世人皆知,连丞相有时都得请教于我,而你王平生长于戎旅，手不能书，知何兵法？”接着又洋洋自得地说:“居高临下，势如破竹，置之死地而后生，这是兵家常识，我将大军布于山上,使之绝无反顾,这正是制胜之秘诀。”王平再次谏阻:“如此布兵危险。”

马谡见王平不服，便火冒三丈说："丞相委任我为主将，部队指挥我负全责。如若兵败，我甘愿革职斩首，决不怨怒于你。"王平再次义正词严："我对主将负责，对丞相负责，对后主负责，对蜀国百姓负责。最后恳请您遵循丞相指令，依山傍水布兵。"马谡仍固执己见，将大军布于山上。

魏明帝曹叡得知了蜀将马谡占领街亭，立即派骁勇善战、曾多次与蜀军交锋的曹魏名将张郃领兵抗击，张郃进军街亭，侦察到马谡舍水上山，心中大喜，立即挥兵切断水源、掐断粮道，将马谡部队围困于山上，然后纵火烧山。蜀军饥渴难忍，军心涣散，不战自乱。张郃乘势进攻，蜀军大败。马谡失守街亭，战局骤变，迫使诸葛亮退回汉中。

马谡违反了诸葛亮的调度，在山上扎营，是丢失街亭的主要原因，而街亭的丢失，让蜀汉军队丧失了继续进取陕西的最好时机，作为将领，马谡需要负主要责任。

诸葛亮总结此战失利的教训，痛心地说："用马谡错矣。"为了严肃军纪，诸葛亮下令将马谡革职入狱，斩首示众。临刑前，马谡上书诸葛亮："丞相待我亲如子，我待丞相敬如父。这次我违背节度，招致兵败，军令难容，丞相将我斩首，以诫后人，我罪有应得，死而无怨，只是恳望丞相以后能照顾好我一家妻儿老小，这样我死后也就放心了。"诸葛亮看罢，百感交集，老泪纵横，要斩掉自己十分器重赏识的将领，心若刀绞；但若违背军法，免他一死，又将失去众人之心，无法实现统一天下的宏愿。

正因有了法律，生活在社会中的每个成员，其合法权益才能得到有效的保护，中华人民共和国成立以来，国家在保护广大消费者、劳动者和弱势群体方面颁布了一系列法律，如《中华人民共和国消费者权益保护法》《中华人民共和国劳动法》《中华人民共和国社会保险法》《中华人民共和国义务教育法》《中华人民共和国妇女儿童权益保护法》《中华人民共和国残疾人保障法》《中华人民共和国未成年人保护法》《中华人民共和国老年人权益保障法》等。这些法律无不体现出一个国家对保护广大民众合法权益的深厚情感。因此，我们不难看出任何法律无不体现出深厚的情感色彩，把这种代表社会公众利益、维护公众合法权益的情感，以法律的方式体现出来，“法”就成为“情”的最高体现形式。作为公民，必须自觉遵守和执行，任何人违反了法律都必将受到制裁。

三、如何正确运用法、理、情

人们在日常工作和生活中，要适当地运用法、理、情来处理各种问题和矛盾，使自己在工作和生活中始终保持积极向上的心态，不消极堕落；始终保持开拓进取的精神，不半途而废；始终保持干练果敢的行动，不犹豫徘徊；始终保持正确的成长方向，不误入歧途。人要用智慧和勤劳成就精彩的人生，应当遵循事物客观规律，确立原则性问题按照法、理、情的顺序、非原则性问题按照情、理、法的顺序处理我们遇到的各种问题，即“大事讲原则，小事讲风格”，具体来讲要做好以下几点。

动之以情。情是人与人之间依赖、沟通、合作等一切社会活动的纽带和基础，人与人之间的一切社会活动都有益于社会、有益于他人和自身发展，而每一个人能力的大小、经历是否丰富、洞察力是否敏锐、眼光是否长远，决定了各自的优劣势，而有效的合作无疑需要人与人之间相互扬长避短，才可能取得最佳效果。而人与人之间的合作必须要以良好的情感为基础，常言道“一个篱笆三个桩，一个好汉三个帮”，一个人无论是干事业还是过日子，首先要具有良好的人际关系，而良好人际关系的建立，必须要以真情为基础。每个人无论是在事业上还是在生活中都渴望得到更多人的帮助，将欲取之，必先与之；每个人都要学会换位思考，己所不欲，勿施于人；只有真心地对待身边的人，真心地关爱社会、广结善缘，种下福因才能得到福报。

与他人相处，我们要从人的情感需求出发，倡导“三多”文化：多看别人的长处，多想别人的好处，多帮别人的难处。

尺有所短，寸有所长，在日常人际交往中，我们要带着欣赏的眼光去看待别人的优点与长处，欣赏他人是对他人的一种肯定与激励，也反映了一个人的品德。每个人都愿意被欣赏、被肯定，作为同事，会增进相互间的友谊，作为领导，欣赏下属，无疑是对下属最大的激励，下属的潜能才有可能发挥到极致，正所谓“士为知己者死，女为悦己者容”（出自《战国策·赵策一》）。

当人在工作和生活中遇到矛盾和误解时，要多想对方的好处，多想想自己在困难时别人给予的帮助和关心，这样即使有什么矛盾和误会，也能使自己的心情平静下来，从多角度看待这些矛盾和问题，不至于一叶障目，做出错误的决定。北宋诗人苏轼在《题西林壁》中写道“横看成岭侧成峰，远近高低各不同。不识庐山真面目，只缘身在此山中”。游山所见如此，观察世上事物也如此。这首诗有着丰富的内涵，它启迪人们客观理性地认识为人处事的哲理——由于人们所处的地位不同，看问题的出发点不同，对客观事物的认识难免有一定的片面性；要认识事物的真相与全貌，必须超越狭小的范围，摆脱主观成见。

每一个人，无论是在工作和生活中都会遇到困难，这时候也是最需要关心和帮助的时候，如果我们能在此时给予真心的关心和帮助，播下友善的种子，他人就会体会到你的善意，增进双方的感情，日后一定会结出善果。每个人心中多一些善意、多一些美德，恶意和丑陋的东西就会相应减少。

坚持“四对”原则。对上，同心同德，尊敬服从；对下，热忱关爱，严格管理；对左右，严于律己，宽以待人；对外，平等友好，与人为善。

作为一名领导，肩负着组织的使命和责任，要完成这些使命和责任，需要组织中的每一个成员同心同德、服从领导、听从指挥，才能充分发挥和凝聚团队的力量，高效能地履行组织使命。一个组织应当是一群志同道合的人组合在一起的事业平台，而人心所向决定了这个组织力量的大小，是否听从领导的指挥也直接关系到组织的执行力，正所谓“人心齐、泰山移”“兄弟同心，其利断金”，如果作为下属不认同这个组织的价值观，与上级离心离德，不服从上级的管理与指挥，那么，他要么改变自己，要么尽快离开，否则，不仅不利于组织的建设，更不利于个人的发展。

同样，作为下级都渴望得到上级的关爱，在工作中遇到困难时对方能给予指导，一个有理想有追求的志者，会把自己的成长放在首位，对上级的严格要求，无论是工作中的高标准还是日常的严要求，他们都会认为是领导对自己的成长负责。

在日常工作和生活中，对待同级同事，要严格要求自己，无论是在工作的标准上，还是在生活的便利性方面，多把困难留给自己，多把方便留给他人，这样在组织中就会树立良好的形象，建立起良好的人际关系。

在日常对外交往过程中，每一个人应当秉承平等友好的态度和与人为善的思想，平等友好就是说话办事既尊重对方，又不失礼节；既虚怀若谷，又不傲气凌人；既得体大方，又不矫揉造作，给人以亲善之感，以赢得他人的尊重，营造一个有利于双方相互促进、相互合作的良好氛围。切勿在对外交往过程中盛气凌人，用不礼貌的语言或动作刺激对方，否则，往往会在不经意间给自己树敌，“谦受益、满招损”（出自《尚书·大禹谟》），也是为人处事的哲理。

人生数十载，相处最长莫过于家人，能陪伴你一起同甘共苦的也是家人。家庭是社会的细胞，家庭和谐了，整个社会才有了稳定的基础。家庭和谐关键在于一个“情”字，人们常说“家家有本难念的经”，当然，过日子面临的都是具体的事，少不了磕磕碰碰，面对这些日常事务，我们要分清楚哪些是原则性问题，哪些是非原则性问题，对于原则性问题我们当然要讲清道理、分清是非，做到以理服人、依理办事。然而生活中很多鸡毛蒜皮的事都属于非原则性问题，即使家人有时办事不妥，也是无心之过，当我们在遇到这些非原则性问题时，一定要以情为重，怀着一颗理解、包容之心，和风细雨地提醒家人，不必为了一些小事而大吵大闹，伤了感情。很多家庭不和，家庭成员中往往并没有原则性问题，往往是不讲究说话的方式方法，不顾及对方的情绪，而是直来直去，原先的问题不但没有解决，反而增加了新的矛盾，在这样的氛围中进行沟通能有好结果吗？在与家人相处过程中，我们一定要明白一个道理，你对我有情，我对你有义，大家相互帮助、相互支持、相互理解和包容，则日久情深，家庭和睦。

晓之以理。话不说不明，理不辩不清。“晓之以理”，旨在“说理”“明道”，从而达到启开心锁、教诲育人的目的。在日常工作和生活中，我们要对下属讲明道理，使其行为符合事物客观规律，以提高其工作效能，而且自己在处理各类事务时也要条理清晰，在对外交往过程中更要通情达理，才能将事情办得合情合理。这就要求既要有良好的素质和道德修养，又要有较高的理论水平，才能使自己理智心明，做到察人而知情，循理而行术。在日常工作和生活中，我们也要注意讲理的方式，晓之以理要以爱心为前提，根据对象的不同思想、不同性格、不同处境，采用不同的方式方法，或疏通诱导，或直言理论；或感性启迪，或理性辨证；或委婉谲谏，或坦率相陈。但不论何种方式，都要讲求说理的艺术，不温不火、不急不躁，如春风化雨，冰融冻解。

有则伊索寓言，讲的是太阳与风的故事。一天，太阳和风在争论谁比较强壮，风说："当然是我。你看下面那位穿着外套的老人，我打赌可以比你更快让他把外套脱下来。"说着，风便用力对着老人吹，希望把老人的外套吹下来。但是它越吹，老人把外套裹得越紧。后来，风吹累了，太阳便从云后走出来，暖洋洋地照在老人身上。没有多久，老人便开始擦汗，并且把外套脱下。太阳于是对风说道："温和友善永远强过激烈狂暴。"这个故事说明，劝说往往比强迫更为有效。晓之以理胜于命之以令，仁慈、温和与说服胜过强迫，用温和的方式更容易达到目的。待人处事不是给人压力、逼迫、就能成功、获胜，使用暴力是无法令人心服口服的，反而是要给人温暖、安详、尊重，让人心生欢喜、心悦诚服，才是明智之举。

绳之以法。国家的法律法规，代表着国家和广大民众的合法利益，并以国家强制力保障实施，任何个人都不得凌驾于法律之上，必须自觉遵纪守法。每一个违纪违法的人，都必须受到法律的制裁，这样才能体现出法律的权威性和公平性，对那些为了个人利益而心怀侥幸、企图违法乱纪的个人，必定是一个严厉的威慑。社会的稳定和国家的长治久安必须以法治作保障，可以这样说，一个国家没有强有力的法治体系，社会矛盾和问题就不可能得到有效的解决，公民的合法权益就无法得到保障。只有依法行事，做到有法可依、违法必究、执法必严，才能最大限度保障广大民众的合法权益，让广大民众有安全感，在全社会树立正气、凝聚正能量，充分调动生产者的积极性和主观能动性，推动生产力的发展和社会的进步。

除了动之以情、晓之以理、绳之以法外，在日常生活和工作中，我们正确恰当地运用法、理、情来处理日常生活和工作中遇到的各种问题和矛盾，还应注意以下五点。

一制度代表的是团队或集体的利益，并非个人利益。在制度贯彻执行的过程中，每个成员都要对制度心怀敬畏之情，都应自觉遵守制度，以维护制度的严肃性和权威性，使团队和集体的合法利益不受侵害，才能更好地维护大局的稳定与发展，只有大局稳定、团队持续健康发展，才能更好地保障个人利益。

二无论职务高低，任何个人都是制度的执行者。制度的制定者在制度形成之后，也就成了制度的执行者，必须在制度的规范之下行其事、负其责，确保制度的公平性。任何制度的贯彻执行都不应有特殊人员，越是职务高的，越要起好模范带头作用，执行好各项规章制度，推动各项规章制度的落实。在制度的执行过程中，一个优秀的团队决不能允许“肠梗阻”现象存在。

三违反制度时，要心甘情愿接受制度的惩戒，不得以任何理由和借口逃避处罚。人非圣贤，孰能无过？过而能改，善莫大焉。一个人违反了规章制度，首先要认识到自己的错误，提高思想觉悟，才能避免再次犯错。其次是要有勇气承认错误，如果我们连承认错误的勇气都没有，又如何谈得上改正错误？最后是痛定思痛，面向未来，不要纠结于一时的过错，也不要因受到处罚而耿耿于怀，只有彻底摒弃心中的不良情绪、打开心结，才能有一个积极的态度和轻松愉快的心情。

人一生可能会犯很多错误，而很多时候都是无心之错，每个人都要以感恩之心去看待严格要求我们的领导和同事。有了感恩之心，才能明白领导和同事的严格要求是在帮助我们健康成长。作为领导和同事，如果是真心对伙伴，就应该严格地考核他、要求他，让他拥有正确的人生观、价值观，督促他成长；如果碍于情面，低标准、低要求，只会助长某些伙伴的贪婪、无知和懒惰，实际上是对伙伴的不负责。如果犯了小错误却得不到纠正，久而久之必将误入歧途，最终酿成大祸。

四在制度的贯彻执行中要敢于较真。严是爱、宽是害，对于违反规章制度的人，要敢于批评指正；当“老好人”既是对团队和集体不负责任，又是对他人不负责任。他们遇事时怕坚持原则的根本原因在于，一是自己没有能力坚持原则，无法做到既坚持原则又解决问题；二是怕坚持原则得罪人，失去自己的既得利益。每个人只有把他人和自己的健康成长放在首位，才能维护团队的健康发展，让团队中所有人一起成熟，不断取得成功，最终成就精彩的人生。

五要正确看待制度的滞后性。任何一项制度都有时限性和滞后性，但这绝不能成为我们违反制度和拒不执行的理由。各级管理者和员工在执行制度时一定要理解制度的本意，要紧紧围绕制度的精神和工作的目的，站在客观公正的立场上分析和解决问题，并对那些不适应形势、阻碍事业发展的制度提出修改意见，以便更好地加强制度建设，促进事业的发展。

对一个组织而言，没有了纪律便没有了一切。好的机制能使人变好，坏的机制能使人变坏。我坚信，只要每个人都能从大局出发，提高认识，增强责任感和使命感，就一定能感受到制度中包含的人文关怀与情意，也一定能成为自觉遵纪守法的模范。

第六章

认知与行为

人的大脑是由百千亿个细胞组成的，具有极大的贮存量，像爱因斯坦那样伟大的科学家，只用了自己大脑的一部分功能，而一般人用得更少，绝大部分脑细胞仍处于"待业"状态。人的行为与个人的认知有着密切的关系，人是社会环境中的人，个人的生存和发展与社会环境、人文环境紧密地联系在一起，在一定程度上个人所处的环境对自身的生存与发展有着重大的影响，正确的自我认知和社会认知是个人生存和发展的重要课题。

一、正确认知个体与社会环境的关系

个人与社会是相互依存、相互制约、相互促进、对立统一的关系。第一，世界是普遍联系的整体，人与自然密不可分，而且人类是大自然的产物，是整个自然界中的一部分，人类生存于自然。第二，个人对社会具有依赖性，无论是生存还是发展，都依赖于社会环境。第三，个人对自然和社会具有能动性，人对自然和社会的依赖性，并不是说人只能消极地依附于自然和社会，而是能够积极主动地认识、适应和创造，从而保持了同自然界与社会的和谐，推动了社会由低级向高级发展。

从人类的历史发展看，个人的生存和发展离不开社会，个人只能存在于社会之中，人的本质并不是单个人所固有的抽象物，在其现实性上，它是一切社会关系的总和。人是具体的生活于现实生活中的人，他们的一切行为不可避免地要与周围所有的人发生各种各样的关系，如生产关系、亲属关系、同事关系等。生活在现实社会中的人，必然是生活在一定社会关系中的人。这种复杂的社会关系就决定了人的本质，形成了人的社会属性。每个人生存所需的一切，只有通过社会才能取得，而且人的才能、知识和经验本身也是社会精神文明与物质文明的产物。同时，社会的发展又是通过每个人的努力而实现的，一切个人活动的总和构成了社会的整体运动及其成就。

在道德问题上，个人与社会之间的关系集中地表现为个人利益与社会利益之间的关系。在一些伦理学家看来，个人利益是一切罪恶的根源，他们主张禁欲主义，认为人们为了社会或他人的利益，应该放弃个人一切现实的物质利益，以求得道德上的完善。人类社会的发展离不开个体的主观能动性和创造性，而个人利益的追求和满足，在一定程度上又影响着个人的主观能动性和创造性的发挥。另一些伦理学家则把个人利益看作人类行为的唯一动机，主张极端利己主义，认为社会利益是无足轻重的，美德只是以他人幸福为由而实为自己幸福的艺术，一切有道德的行为都是实现个人利益的手段，正是这种唯利主义观念的存在，在一定社会范围内仍影响着人们的行为，对人与人、人与自然的和谐相处产生着消极的影响。

实际上这两种观点都是片面的，有悖于人与自然、人与社会的和谐。而和谐的人与人、人与自然的关系，则是主观上为自己、客观上为他人的总和。因此个人的行为与个人正确认知个体与社会环境的关系密不可分。

二、构建人与自然、人与人和谐关系，对个人发展的积极作用

和谐的自然环境和社会环境是个人赖以生存和发展的基础。自然环境遭到破坏，就会影响到人类的生存；以个人利益为核心，人们就会见利忘义，则人人关系紧张，为了利益而纷争四起，社会就会处于混乱无序状态，其组织的凝聚力、向心力和战斗力将无从谈起，而组织利益得不到保障，最终必然会影响到个人利益。历史证明，一个民族、国家没有强大的凝聚力、向心力和战斗力，必遭凌辱。从另一个角度来讲，没有一个强大的国家，个人就不可能有一个幸福的家园。因此，个人的行为道德价值在于肯定人与自然、人与社会、人与人利益联系的基础上，以及能否为和谐发展做出自己的贡献。

能量守恒定律告诉我们，尽管物质世界千变万化，但这种变化绝不是没有约束的，最基本的约束就是守恒律，也就是说一切运动变化无论属于什么样的物质形式，反映什么样的物质特性，服从什么样的特定规律，都要满足一定的守恒律。一个人的付出与回报大多数情况下保持着一种平衡关系，只不过有短期和长期、现实与未来之分，价值大小之别而已。

一张太极图包含了古代智慧哲学，太极外面的圆圈代表太极，也可理解为整个宇宙，中间“S”线将整个太极一分为二，就有了天地、日月、阴阳，有了天地就产生了人，即一（太极）生二（阴阳），二生三（人，阴阳交感化合便有了人），三生万物。因万物由阴阳而化生，故万物各具太极，也就是说，太极不仅包含了阴阳两个方面，还包含了划分阴阳的界线和标准。万事万物都存在于太极中，并在太极的主宰下运动、变化、发展着，以旋转为其运动形式，以“中气以为和”的圆融为运动品质。黑白两方的界限就是划分天地阴阳界的人部。白中黑点表示阳中有阴，黑方白点表示阴中有阳。太极含阴阳，阴阳一分为二，是故太极生两仪；阴阳又生化成四象；四象又生八卦。大道至简，一张简单的太极图，揭示出宇宙、生命、物质的起源及其发生、发展、运动的自然规律性。

互根互生，对立统一。太极为一个封闭的圆形，寓意为宇宙，图中的“S”线将太极图清晰地分为阴阳两个部分，表明任何事物的内部都有一个太极结构模式，太极中的白为阳，黑为阴，在整个太极图中，黑白的面积均等，寓意着世间万事万物的发展与变化处于和谐状态，保持阴阳平衡，如短期付出与长期收获、福报与行善、成长与德才、贫穷与沉沦、行恶与恶报、白天与黑夜……一旦失去平衡，就会出现物极必反的现象。

2009 年春节，是我老家四川汶川大地震之后的第一个春节，此时女儿仲芮萱已经读初二了，我想灾后的汶川，那么多家庭和孩子春节一定更需要温暖，为了过一个有意义的春节，我与夫人商量，决定一家三口随天九慰问团向汶川灾区送温暖。在慰问期间，我带着女儿向灾区分发慰问品及慰问红包，每到一处，女儿都表现得非常出色，仿佛一夜之间长大成人，她特别关注与她年龄差不多的孩子，关注他们的学习条件和生活条件，还时不时在小本本上记录下所思所想，看到同龄孩子生活的艰苦，她把平时积攒下来的零花钱与春节期间长辈发给她的红包都发给了灾区的同学，她还鼓励同学们："有党和国家的关怀，有全国这么多爱心人士的帮助，你们一定会很快重建好自己的家园，过上美好的生活。"近半个月的春节假期很快就结束了，天九组织的企业家慰问团也结束了行程，整个春节期间，天九慰问团向灾区发放了价值3000余万元慰问物资与3000余万元慰问红包，灾区人民非常感动，在依依不舍中进行了告别，当我们一家三口到达成都双流机场返回北京时，我问女儿这个春节有什么收获，她对我说："爸爸，与这些灾区的孩子相比，我过得太幸福啦，我更应该珍惜现在的生活，更应该好好学习，长大了做一个有用之才，把祖国建设得更美好，让人们过得更幸福。"这个春节对女儿来讲太有意义了，也一直陪伴着女儿的成长。当我听到女儿这番感受，当脑海中不断浮现出灾区人民那殷切与感动的目光，前后近半月的奔波与劳累在这一刻是那么值得、那么有意义，我当即写下《灾区慰问有感》：不见废墟下的生灵，只见残垣上的纸钱；看不到开心的笑脸，只见到思亲愁颜；想不出安慰的话语，只有那沉重的悼叹……人生无常，变化万千，活着真好！活着，珍惜生命的每一个瞬间，无论是顺境还是逆境，都是最好的拥有；活着，活在每个明觉的当下，任何时候离开这个世界，都能面带微笑、无悔无怨；活着，就要心存善念，用大爱去构建美好的世界，用美去装点爱的家园，用爱去演绎生命的价值。

春节回川送温暖，心生感慨岂万千；
天灾无情难预料，天九善爱撒向川；
天灾之年不言苦，灾区温暖我心甜；
珍惜生命存博爱，造福华夏尽开颜。

太极图的两个部分用不同颜色相区分，分为阴和阳，以“S”线相隔，表明这两部分既是一个互根互生、不可分离的整体，同时又是相互分立、各有其属性的相对独立体。如动物主动，植物主静；动物吸进氧气呼出二氧化碳，植物吸进二氧化碳产出氧气；动物以植物果实为粮，植物以动物粪便为粮；树长得越慢越结实，越快越稀松……从这个意义讲，善良与恶毒、勤奋与懒惰、索取与奉献、高尚与卑劣、美与丑、公与私、生与死……在相互交织中构成了人生，这两种意义完全相反同时作用于一人，便产生了矛盾的普遍性，有了矛盾，人就要想办法去解决，旧的矛盾解决了，又出现了新的矛盾，当新的矛盾出现后，再想办法去解决，当矛盾得到妥善解决后，就推动了事物的向前发展。

太极图中两个独立的“阴阳鱼”各有一个“小鱼眼点”,即“阳鱼”中有“阴鱼眼”,“阴鱼”中有“阳鱼眼”，这表明任何事物结构中都包含着两个方面的因子，是一种我中有你、你中有我的包含关系。这也说明世间万事万物总有积极和消极的两面性，每一个人总有其自身的长处和短板。只要我们善于运用积极的思维，凡事发挥其积极因素的作用，就有助于自身的发展。

因果循环，能量守恒。太极图圆形的含义：一圆形图边，就是无极，圆就是道；二宇宙万物的结构和运动都是圆形的，而且是循着各自的圆轨规则而运转的，它不以个人的喜好而改变；三万物运动都是以旋转为基本运动形式，而且是具有顺转与逆转的双向运动；四万物的阴阳运动是以德一为主宰的，以“中气以为和”为法则，因而表现出事物发展的流畅与圆融，万物才能生存发展，否则则意味着万物的消亡。

太极图的整体结构均衡且对称，表明它是一个稳定的结构，维持其稳定的基本保证就是驾驭着阴阳两侧的运动始终是均衡的、平衡的、稳固的。同时，阴阳两者又是相对独立而又相互联系的，阴中生阳，阳中生阴，既对立又统一，双方均衡的互抱为一，处在平等的结构地位。能量守恒不仅运用于物理运动，也适用于为人处事的日常生活，当一个人乐于奉献、乐于向上时，在精神层面就会感到高尚，拥有了巨大的幸福感，而这种幸福感则不会受到外界的干扰而消失。

太极图圆周内部的对称含义：太极圆四周蕴含着四象，即东、南、西、北四方；春、夏、秋、冬四季；仁、义、礼、智四德；德一居于中心，主宰、平衡着四方、四季、四德，表明了太极的运动是平稳、有序的旋转运动。一个人有了良好的品德时，就可以做到小德利人、中德利民、大德利国。我们说一个德高望重的人是最有威望的，也是最受人尊敬的，一个受人尊敬的人，一定是一个幸福的人，人一生无不为幸福而奋斗，而德才是获得最高层次幸福和持久幸福的根基。以自我利益为核心的人，怎么能赢得他人与社会对自己的信任，怎能做出有利于他人与社会的事情，又怎能和谐融入社会与自然这个大环境呢？一个人再厉害，不及一个团队，一个人不能很好地融入社会和自然这个大环境，又怎能单方面获得他人的支持与帮助？因此，一个人要想有所作为，彰显其人生价值，就要以和谐的方式融入社会和自然这个大环境中，而融入的最好方式就是利他。每一个人只有在正确认知个体与社会和自然的关系后，抱着积极融入的态度，才能成就自我。

太极图“阴鱼”和“阳鱼”的“大头”与“小尾”，还表示阴和阳在旋转中的强弱互相变化，“大头”为强，“小尾”为弱，在“大头”处各有对方的“鱼眼”，同时与对方的“小尾”衔接，这显示了太极内部阴阳的互生互克、互相制约，以及阴阳两种能量由小到大的可变性，同时又有由大到小的易变性，呈现出物极必反的状态。

苦难是人生的基本特征，它既不会凭空消失，也不会无故产生，它只会从一个阶段转移到另一个阶段，或者从一种形式转化成另外一种形式，精彩人生是经历酸甜苦辣咸五味杂陈之后那道五彩缤纷的彩虹。如果幸福人生一定要经历苦难，早来要比晚来好得多，所有的苦难，你越是选择现在逃避，就越要在未来付出更大的代价去平衡。

平衡法则的另一面说的是，当某一个方面不足的时候，与之相对应的方面必然会出现多余。当一个人见识不足的时候，就会过度担心很多事情，诚惶诚恐，没有安全感。所以人们的焦虑往往是自己见识的浅薄造成的。当一个人认知不足的时候，就会对很多没见过的东西半信半疑，总是在怀疑一切、徘徊不前，会错过很多重大的机会；当一个人的度量、格局不够的时候，看到的都是不公平，山峰看到的是风景，山脚看到的却是垃圾，久而久之便会导致自己内心的偏激，愤恨和不满，抱怨与哀叹充斥着自己的生活。

人类社会每一种现象都会对应地产生另外一种反抗的形式，两者互相对冲，以保证结果的公正与事物之间的平衡。无论是能量守恒定律，还是对冲法则，其核心就是要保持事物之间的平衡关系，推动事物向前发展。世界就是一个天平，你拥有每一件东西，都要为它付出代价；相应的你失去每一件东西，也会因失去而重新收获。明白了这些道理，人们就会自觉保持人与自然、人与人之间和谐相处的关系，促进人与自然、人与人之间的共同发展。

三、人与人、人与社会、人与自然如何和谐相处

人类生存与发展离不开和谐的自然环境和丰富的自然资源，人与人、人与社会、人与自然构成一个有机的整体，而个人是组成社会的最小单元，几口人组成家庭，若干家庭构成了社会，从这个意义上讲，个体的生存与发展，必须服从整体要求，必须适应自然规律，同时也要和谐融入整体之中。个体怎样融入整体？最好的方法是适应，这里所说的适应不是一种简单的、消极的适应，而是在遵循自然规律下的积极适应。

1. 尊重个体正常需求

每一个人都渴望得到他人的帮助与支持，也渴望得到他人的关心与爱戴，这都是人之常情，也是幸福的重要因素，而人们把幸福作为人生永远追求的目标，才有了不断奋斗的动力。如果每个人都是消极的态度，等待他人的帮助与支持、关心与爱戴而不是积极去行动，这个世界在感情层面上则没有亲情、友情和关爱可言。在物质层面上，人们会因为消极而缺乏自生动力，不能创造更多的物质财富；在精神层面上，也因缺乏原动力而不能遵循马斯洛需求层次论（生理需求、安全需求、社交需求、尊重需求和自我实

现需求）由低级向高级发展，从某种意义上讲，对社会的发展就起不到积极的推动作用。尊重他人的需求，正是要从人性的角度出发，主动为他人创造幸福。

2. 个人价值的创造有利于社会的和谐

个人在工作和生活中，不断发挥各自的潜能，积极为社会进步做贡献，一方面会在经历各种困难与挫折考验后，使自己不断成长，逐渐走向成熟，继而使自己在事业上有所成功；另一方面在这个过程中，随着价值的创造和自身价值的积累，容易形成更广泛的认同，也会得到更多人的支持，获得事业上的成功，最终成就自我的幸福人生。

3. 和谐在于个体的主动融入

能量守恒定律指出，能量既不会凭空产生，又不会凭空消失，它只不过是从一种形式转化为另一种形式，或者从一个物体转移到另一个物体，在转移或转化过程中，其总量保持不变。和谐的人际关系与社会环境需要个体的主动融入，主动融入表现在遵循客观规律前提下的自觉适应。我们可以从能量守恒定律与太极文化中，得到个人主动融入社会的一些启示。

4. 建立科学的发展观

人类的发展离不开丰富的自然资源，而自然资源相对的有限性又制约着人类的发展，特别是人类社会进入工业化时代以来，石油成为主要能源，而石油的形成与需求之间的矛盾日益突显，能源开发与利用是否科学合理？是否适应自然规律？说到底是关系到人类社会发展与自然能否和谐相处的问题。随着科学技术的进步和工业化的推进，从钻木取火到以空天一体化信息技术为核心的宇宙飞船、核潜艇等高新尖端科技产品，从刀耕火种到今天各类机械、智能机器人的出现，其方法和手段也不可同日而语，人类社会的发展与自然之间的关系又面临着一些新的情况：一是人与自然的相互作用模式比以往任何时候更加复杂多样，协调人与自然的关系更为困难；二是发达国家在推进工业化的过程中，走了一条只考虑当下资本既得利益而忽视后代长远利益、先污染后治理、先开发后保护的道路；三是由于国家与区域间经济社会发展的不平衡，发展中国家往往难以摆脱以牺牲资源、环境为代价换取经济增长的模式，他们始终面临着资源被进一步掠夺、环境被进一步破坏的严峻局面。如何正确处理经济发展和环境保护之间的矛盾，正确处理人与自然的关系，实现人与自然的和谐发展，已成为当今世界面临的重要课题。

当代人类运用技术与资本所构成的强大动力，造成了人与自然关系的巨变并引来了一系列的反应，无论这些反应是直接的还是间接的，都必须给予高度关注，努力纠正过度开采、过度消耗、先污染后治理、先开发后保护的错误思想和行为，坚持人与自然和谐发展、生态发展的理念。

一要充分关注人与自然关系的和谐，协调人的发展与自然发展的辩证关系，把经济发展放在生态文明的框架中进行衡量；用可再生能源逐步替代不可再生能源，强化自然资源的稀缺意识，严格管控自然资源的开发与交易，积极推进自然资源进口战略；大力提倡开发和运用新型环保建筑材料，弱化水泥、木材在建筑工程中的使用。

二科学发展观强调以人为本，但并不轻视乃至无视自然存在的价值，甚至把自然看作单纯的客体或人的发展手段，而是主张在事关人类发展时，须以自然的发展为前提，既尊重人的主体地位和价值，又尊重自然的地位和价值。在推动社会向前发展的过程中，倡导以人为本的思想，要遵循自然规律，要对人自身的掠夺性、征服性、贪婪性加以制约，防止随意改变自然、吞噬自然的行为；应当正确认识到，在处理人与自然和谐关系时，人是第一责任主体，要树立人与自然平等的观念，以新型的法律关系、伦理关系来协调和处理人与自然的和谐关系。

三在处理人与自然关系方面，工具理性的应用须确立伦理“善”的取向，坚持科学精神和人文理性精神的统一，克服贪婪开发自然、违背自然规律所产生的负面效应，把自然纳入人类社会的历史进程中来考量，把人的本质力量发展同自然的发展统一起来。人对自然的科学认识和实践与人自身的价值追求、理性选择、审美情趣紧密联系在一起，充分体现自然的发展与人本质力量的完美结合。

5. 人与人的和谐，要做到“三多”

人是生活在社会之中的个体，人与人之间的行为作用于他人在情感方面产生了爱恨情仇；在精神层面，分享精神财富的同时，也创造新的精神财富；在物质层面，创造物质财富的同时，也遵循价值规律与他人进行交换。在这样一种环境中，个人的生存与发展依赖于社会的和谐，而社会的和谐来自每个人在普世价值观指导下的行为，而个人的生存与发展乃至幸福不可能单独存在。如我们生活的必需品总是通过自我劳动和他人劳动按照价值交换所获，个人情感的喜怒哀乐也是自我行为与他人行为的相互作用，而丰富的物质生活与愉悦的精神生活需要一个和谐的社会环境，那么人与人怎样才能和谐相处，共同发展呢？

首先要多看他人的长处。每个人不可能是完人，总有一些长处和闪光点，只不过具体到每个人身上，其多少或大小存在着差异，我们在与人相处时要带着欣赏的眼光看待别人的长处和优点，即使他人存在明显的短处和缺点，在先肯定其长处和优点的同时友好地加以劝导，他人就会乐于接受和改进。否则，就会造成剑拔弩张，不利于人与人之间的沟通交流，原因在于每个人都有被他人认可的需求，当这种需求得到满足时，就会表现出良好的情绪反映，在这样的环境中相处，双方就会产生愉悦感，加深彼此之间的感情，使自己融入对方的情感之中。

其次要多想他人的好处。人与人之间关系再好，也有发生矛盾的时候，世界上没有完全相同的两个人，这是因为每个人成长环境的非一致性和对世界观、人生观、价值观理解不同所致。当遇到矛盾和冲突时，往往会影响到自己的心情，甚至产生厌烦情绪，此时，就需要我们客观看待，对于非原则问题，要从多想对方的好处出发，以包容、宽容的心态对待他人的缺点与错误，要以同理心去理解他人的行为，学会严于律己、宽以待人，在生活和工作中不断增进与他人的感情与友谊，以团结更多的力量，为自己的发展奠定良好的基础。

最后要多帮他人的难处。信息时代，最突出的特点就是变化，人在困难的时候最脆弱，作为个人无论是在工作上还是生活中，随时都会遇到困难，只不过困难有大有小、能力有强有弱而已，无论什么情况我们多施援手总是没错，并且一个有胸怀、有境界的人，帮助别人时其出发点并不是以施恩图报为目的的。人生短暂，计较越多，烦恼就越多，很多时候宽恕别人，就是宽恕自己。

第七章

知识与智慧

知识是原材料，智慧则是把这些原材料加工成精品，且具有系统化解决各种问题的方案。可以这样讲，体现知识价值的方式不是储存，而是运用，知识的价值不在于存量，而在于对存量知识的运用，知识用则有用，不用则无用。所以任何知识本身并不能妥善解决社会实践活动中所遇到的问题，而是要通过人的主观能动性，加以正确的分析、科学的决策、系统化的运用才能将知识转化成智慧，真正得到解决问题的方案。

一、知识并非力量，智慧才是力量

我们从小就接受“知识就是力量”这一理念，对此鲜少有人怀疑过，所以很多人沉浸于知识的海洋，希望获得各种解决问题的能力，也有不少人通过努力学习掌握科学知识，获得了解决问题的能力，走向了成功。可是也有曾经在学校学习成绩出类拔萃或就读高等名校的佼佼者，毕业后在社会实践活动中所创造的价值还不如昔日那些成绩平平的学生,我们把这一现象叫“高凭低能”，为何有这种现象的存在？原因很多，其中最主要的莫过于对知识系统化运用的差别，这种差别则表现出个人智慧的差异。

杨修见多识广，确有一些才能。有一次，曹操造了一所花园，建成后，曹操前去观看，没有夸奖和批评，叫人取了一支笔在花园门上写了一个“活”字便走了。大家都不了解其中的含义，杨修对工匠们说：“门添活字，就是‘阔’字，丞相嫌你们把花园门造得太大了。”于是工匠们重新建造园门，完工后再请曹操去观看，曹操很喜欢，问道：“是谁知道了我的意思？”下人回答：“是杨修。”

曹操一生多疑，担心自己被暗算或谋害，常吩咐侍卫们说：“我梦中好杀人，凡是我睡着的时候，你们切勿靠近我！”有一晚曹操在帐中睡觉，被子落到了地上，近侍慌忙取被为他覆盖。曹操立即跳起来拔剑把他杀了，然后继续上床睡觉。半夜起来的时候，假装吃惊地问：“是谁杀了我的侍卫？”大家都以实相告，曹操痛哭，命人厚葬近侍，人们都以为曹操果真是在梦中杀人，唯有杨修知道了他的意图，下葬时叹惜地说：“不是丞相在梦中，是你们在梦中呀。”

曹操在与马超的作战中，欲集兵进攻，却被马超拒守，曹操欲收兵返回，又怕被蜀兵耻笑，心中犹豫不决，正碰上厨师来送鸡汤，曹操见碗中有鸡肋，因而有感于怀，正沉吟间，夏侯惇入帐，禀请夜间口号，曹操随口答道：“鸡肋！鸡肋！”夏侯惇传令众官，都称“鸡肋”。行军主簿杨修见传“鸡肋”二字，便让随行士兵收拾行装，准备撤兵，有人报告给夏侯惇，夏侯惇大吃一惊，于是请杨修至帐中问道：“您为何收拾行装？”杨修说：“从今夜的号令来看，便可以知道魏王不久便要退兵回都。鸡肋，吃起来没有肉，丢了又可惜。如今进兵不能胜利，退兵让人耻笑，在这里没有益处，不如早日回去，来日魏王必然班师还朝。因此先行收拾行装，免得临走时慌乱。”夏侯惇说：“先生真是明白魏王的心思啊！”然后也收拾行装。于是军营中的诸位将领，没有不准备回朝的，当天晚上，曹操心烦意乱，不能安稳入睡，因此便手提钢斧，绕着军营独自行走，忽然看见夏侯惇营内的士兵都各自在准备行装，曹操大惊，急忙回营帐中召见夏侯惇询问是何原因。夏侯惇回答说：“主簿杨修事先知道大王想要回去的意思了”，曹操把杨修叫去询问原因，杨修用鸡肋的含义回答，曹操大怒说：“你怎么敢乱造谣言，乱我军心！”便叫刀斧手将杨修推出去斩了，将他的头颅挂于辕门之外。

从上面几个案例中我们不难看出，杨修虽能洞察人心，也有丰富的知识，却缺少做人的大智慧，不懂得“谦受益，满招损”的古训，处处想出风头，处处欲证明自己比别人聪明，不懂得顺势而为，结果却是聪明反被聪明误。

二、知识与智慧的差别在哪里

1. 智商与情商的平衡及差异

人们常说“知识就是力量”，更准确地讲，能系统化运用知识才能产生力量，智慧包含知识，要运用好更多的知识，就需要有智慧。我们肯定一个人的才干，有四个层次，依次为“聪明、精明、高明、英明”，在这四个层次中，真正有智慧的是属于那些抛开私心杂念，能以敏锐的眼光看破假象，洞察事物本质且懂得先予后取的英明人。无论是聪明还是精明乃至高明的人，都是从智商的角度进行衡量；而一个英明的人，不仅有很高的智商，还同时具有很高的情商，只有将智商与情商有机地结合起来，这样的人才具有大智慧的可能。

全球商会联盟执行主席、天九董事局主席卢俊卿，一位从农家子弟成长为总统座上宾的传奇人物，在文化产业、咨询业、平台经济、共享经济领域创造了许多第一，经营的企业从最初的餐饮业到二十余年后进军金融业，全力打造一个集“资本、人脉、商机”于一体的全球通商务平台，为民营企业发展赋能，他把“为企业赋能，让伙伴幸福”作为天九的使命，正是在这种使命的感召下，在他身上发生了许多传奇故事。为什么他能将一个企业从小经营到大？为什么在经营过程中总能收到出其不意的效果？为什么在企业面临最大困难考验的时候，企业没有倒闭，员工没有离开，反而因这些困难而紧紧团结在他的周围共渡难关？我们可从他老家“志舍居”中的一副对联看出他为人处世的智慧——“小志小成，大志大成，无志不成；小舍小得，大舍大得，不舍不得”。在多年企业经营中，他遇到的困难并不少，可为什么总能化险为夷？按照卢俊卿主席的话讲，财聚人散，财散人聚，一个有眼光、有远见的人，会把金钱作为自己服务的工具，一个没有智慧的人，会把自己看作金钱的奴隶，世间再大的财富也是人创造的，而只要有了人才，任何财富都能创造出来。一个人的发展，一项事业的发展，最核心的是要有一批积极、忠诚、能干的人才。要想获得人才，就要获得人心，而人心的获得，就是要善于站在他人的角度，用同理心去感受，继而在行为中尊重他人，使人感到被尊重，满足他人的正当需求，不断改善他人的生活品质，再用科学的方法激励和培养他人，最大限度地调动和发挥个人潜能，使其个人的价值发挥到最佳状态，让他人获得归属感，打造一支高效和谐的团队。

2. 掌握与运用的差异

一个人知识面是否宽广，与自己的勤奋好学有直接的关系。

匡衡年少时非常勤奋好学，由于家境很穷，所以他白天必须干许多活，挣钱糊口，只有到了晚上，他才能坐下来安心读书，但因家境贫困买不起灯烛，天一黑就无法看书了，虽邻家有灯烛，但光亮照不到他家，匡衡就把墙壁凿了一个洞引来邻家的光亮，照在书上来读书，由于匡衡的勤奋和坚持，最终成了大学问家。

而知识的运用与个人的情商直接相关，国王与三个画家的故事足以证明。

有一个独眼瘸腿的国王，他先后请了三个画家给他画肖像画，第一个画家直接开画，把国王真实、完整地画了出来，画中的国王和真实的国王一样，国王看了非常生气，把第一个画家斩了。第二个画家则把国王画得英俊潇洒，完美无缺，国王觉得太假便心生不悦，认定这个画家画的不是真实的自己，又把第二个画家给斩了。第三个画家被邀请来的时候，他没急着动笔，而是和国王谈笑风生，日子一天天过去了，画家对国王的生活态度和处事风格越来越熟悉。有一天，画家被国王邀去一同打猎，画家看到国王骑马举枪的某个动作正好将国王的所有缺陷全部挡住了……于是画家突然请求回宫作画，他画的自然是真实的国王，是国王正骑在马上用枪瞄准的姿势，断脚的腿被马身子挡住了，至于那只眼睛，国王打猎时本就戴着眼罩，但画家没画眼罩，因为打猎瞄准的时候，另一只眼都要闭上。这样就把缺陷给掩盖住了，同时用枪瞄准的姿势又显示出国王英勇威武的一面。最终第三个画家得到了国王重重的赏赐，因为画家坚信这正是国王想要的形象。

在学习的过程中，只要我们具备了正确的方法，加上勤奋努力就能掌握更多的知识。而知识的系统化运用，需要克服急于求成的急躁心理，克服关注某一点的局限思维，要从时间和空间上形成立体思维，从各个环节上寻求突破，找到解决问题的最佳方案。

3. 有形与无形的差异

如果说知识面的宽广程度可以量化，且属于一种有形状态的话，那么知识系统化运用所产生的智慧则是无形的，其结果往往超越了现实。

美国一个农村里住着一个老头，他有三个儿子。大儿子、二儿子都在城里工作，小儿子和他住在一起，父子俩相依为命。突然有一天，一个人找到老头，对他说："尊敬的老人家，我想把你的小儿子带到城里去工作。"老头气愤地说："不行，绝对不行，你滚出去吧！"这个人说："如果我在城里给你的儿子找个对象，可以吗？"老头摇摇头："不行，快滚出去吧！"这个人又说："如果我给你儿子找的对象，也就是你未来的儿媳妇是洛克菲勒的女儿呢？"老头想了又想，终于被儿子会成为洛克菲勒的女婿这件事打动了。过了几天，这个人找到了美国首富、石油大王洛克菲勒，对他说："尊敬的洛克菲勒先生，我想给你的女儿找个对象。"洛克菲勒说："快滚出去吧！"这个人又接着说："如果我给你女儿找的对象，也就是你未来的女婿是世界银行的副总裁，可以吗？"洛克菲勒同意了。又过了几天，这个人找到了世界银行总裁，对他说："尊敬的总裁先生，你应该马上任命一个副总裁！"总裁先生摇头说："不可能，这里这么多副总裁，我为什么还要任命一个副总裁呢，而且必须马上？"这个人说："如果你任命的这个副总裁是洛克菲勒的女婿，可以吗？"总裁先生当即便同意了。

从这个故事中，我们不难看出原本不匹配的资源通过整合后，产生了意想不到的效果，对受益的老头和他的儿子以及洛克菲勒和银行，难道不是一件皆大欢喜的事么？如果按照常规的方法，无论是介绍工作，还是做媒，均不可能得到那样的结果，但换一种方法，即从另一个角度系统化运用知识，就不难理解其中的智慧了。一是用发展的眼光，既立足于现实，又着眼于未来。虽然老头儿的儿子并非洛克菲勒的女婿，也非世界银行的副总裁，正是劝说者看到了这个年轻人的潜质，将未来他可以承担的角色置入现实生活中；

二是洞察人心，无中生有满足需求。劝说者凭着多年以来对人心的洞察，准确地把握了各方的心理需求，资本事关银行发展的关键，再大的企业家、再大的事业，也同样需要资本的支持，把这两者用情感和利益纽带紧密联系起来，在共同利益面前，原来根本不可能的事情则变成了现实，让多方都受益，这得凭借智慧才能办到。

有一个图书馆要搬新大楼，图书太多，工作量非常大，所需费用也很大，馆长非常头疼。这时候有个年轻的管理员对馆长说："馆长，我有办法，马上登一则信息，即日起本图书馆免费向市民借阅书籍，条件是在旧的图书馆借书，到新的图书馆还书。"馆长觉得这个主意非常好，当即便采纳了，结果节省了一笔不小的图书搬运费。

图书馆馆长在面临图书搬迁工作时，采用的是常规的搬书思维，而年轻的管理员跳出常规思维，充分利用图书可读价值，采取还书思维，在不花钱的情况下完成了图书搬迁工作。

三、知识系统化运用过程中应具备的素质

付出："朝忘其事，夕失其功"（出自《管子·形势解》）。每个人每天努力地工作，为的是在丰富自己生活的同时创造出更多的价值，让生命更加有意义。人生存在这个世界上，都希望每天生活得开心、快乐和富裕，能够得到别人的认同与尊重，而这样的结果仅为个人所有。在得到与付出之间，大多数人想的是得到，越是想得到的人，就越急于求成地索取，忘记了任何得到都需要以付出为基础。诚然，在很多情况下，付出不一定有回报，但不付出就一定不可能有回报。急于求成想得到的人，往往欲速则不达。真正有智慧的人，既懂得付出，又愿意付出，并且先人付出，而不是采取一种强取豪夺的方式来达到自己的目的。人在工作和生活中慢慢养成了这种习惯，心中就会充满感恩的正能量，对于工作和生活中遇到的困难，自然会坦然面对，对于别人施以的帮助，就会更加珍惜，从而让自己更好地服务于他人和社会。

共享："人为财死，鸟为食亡"（出自《增广贤文》）。英国前首相丘吉尔曾言：没有永远的朋友，也没有永远的敌人，只有永恒的利益。这些都是人们从长期实践活动中总结出来的生活经验，从某种角度说明了利益对个人

生存的重要性，在利益面前大多数人希望独自享有，很少有人主动分享既得利益，而真正的智慧在于共享，特别是无形的思想和方法，其共享价值更大。

有家火锅店想提高客户的进店率，老板发现对面的奶茶店人气一般，于是就去找奶茶店的老板说："兄弟，我是对面火锅店的，如果有一个办法能使咱们两家店的客流量都增长，你觉得可以合作吗？"奶茶店老板怀疑地点了点头。接着火锅店老板说："如果客户在你这购买两杯奶茶后去我家吃火锅，我可以让锅底免费，你觉得没问题对吧？"奶茶店老板又点了点头。紧接着火锅店老板又说："如果客户在我家消费满200元，凭我签字的小票，到你家可以免费拿一杯15元的奶茶，但是我给你补贴10元，你觉得可以吗？"奶茶店老板连连点头。于是火锅店用同样的方法与周围生意不好的干洗店、洗车店、水果店都谈了合作，两个月下来，客流量翻了3倍。

这就是资源共享、跨界合作的魅力，火锅店老板打破传统的思维模式，避免单独作战，在共享理念下学会整合多方资源，实现了1+1>2的效果。通过共享实现共赢，在共享过程中，一是可以增进双方的感情，处于融洽状态，为双方的合作奠定了重要的人际关系基础；二是使价值倍增，如果每个人共享一个思想和方法，就会得到数倍的价值，在以互联网为基础的信息时代，互联共享已成为推动社会向前发展的巨大能量，无论是个人还是组织，都应重视共享给自身发展带来的机会。

共赢：随着市场经济的发展和生产力水平的提高，在产品供需上，市场供大于求且产品处于相对过剩的总体情况，在较长时期内不可能得到根本改变。在此背景下，市场竞争的激烈程度和残酷性不言而喻，谁能赢得竞争，谁就能掌握市场的主动权，谁就有可能获得更多的利益。然而竞争方式却是多种多样的，从最后的结果来看，竞争的方式是选择此消彼长，还是选择合作共赢？这里面差别甚大，也体现出了当事人不同的智慧。

鳄鱼是很凶残可怕的动物，可它也会遇到困难，如果鳄鱼在享受“大餐”的时候，牙缝里突然塞进了东西，便难受得没有了食欲，很长时间都感觉牙齿不舒服，隐隐作痛。这时候牙签鸟就会视鳄鱼牙缝中的食物为美食，但牙签鸟怕鳄鱼将自己吃掉，对鳄鱼说：“我可以帮你把牙齿里的东西啄出来，但是我害怕你会把我吃掉。”鳄鱼想了想，回答道：“如果你能答应我以后定期帮我清理牙缝里的东西，我可以保证不吃你。”就这样，牙签鸟和鳄鱼达成了“和平协议”，随着时间的推移，它们变成了密不可分的“好朋友”。

初听到这个故事的人，可能不理解鳄鱼的行为，为什么鳄鱼对送上门的美餐不吃呢？其实原因很简单，因为鳄鱼需要这个身体小却很“能干”的合作伙伴来帮它清理口腔，以免除口腔疾病的困扰。而牙签鸟又为何冒险去当鳄鱼的“口腔清洁师”呢？因为它需要食物，鳄鱼齿缝间的腐肉正好可以令它美美地吃上一顿。它们之间互惠互利的行为，在经济学中叫作“正和博弈”（或者叫作合作博弈），合作双方或多方利益均沾，都获得预期的利益，而没有使任何一方受到损害，是一种互利多赢的博弈。这种多赢的竞争，首先要有多赢的思想，任何时候都不能只考虑到自己的利益，这样才能营造良好的合作环境。其次要懂得让利于人，在竞争中要从长远的发展出发，学会放弃短期的次要利益，只有这样才能赢得更多的机会。

勤俭：“惰而侈则贫，力而俭则富”（出自《管子·形势解》）。人勤春来早，这句话说的是一个人勤奋，就很容易在实践过程中把握住机会。一个人行为结果价值的大小来自两个方面，一是积极的态度，有做事的意愿；二是科学的方法与做事的能力。而结果来自这两个因素相乘，有了积极的态度，就有了做事的意愿和动力，有了做事的能力，就会事半功倍，取得好的结果。因此，人作用于事，既要有一个勤奋做事的积极态度，又要具备科学做事的方法，只有这两个因素有效地结合在一起，才能创造出实实在在的结果和价值。在这两个因素中任何一个因素为零时，都不可能产生有效的结果，特别是人在工作和生活中是否持有“勤俭”态度更为重要，勤奋能创造更多的机会，节俭会让人像荷花一样“出淤泥而不染”，保持清廉的品质，在工作和生活中就会从容面对所遇到的困难和挫折，始终保持锐意进取的精神，态度坚定地拒绝腐败堕落。正如历史总结的那样：“历览前贤国与家，成由勤俭破由奢”（出自李商隐《咏史》）。看起来勤俭的人，日子过得既辛苦又不风光，但一个人真正具备了勤俭这一品质，就会很乐观地面对工作和生活中的困境，始终让情绪处于一种积极的状态，即使是生活遇到困难，也会用积极的思维方式来解决，并体验到成长，有一种成就感和幸福感。相反，一个人没有了这种积极态度，即使拥有比他人优越的物质基础和人文环境，也不会充分感受到生活的幸福感。勤俭是一种可贵的品质，它会使遇到困难的人拥有战胜困难的勇气和决心，会使幸福的人更幸福。面对大自然，我们既然无法改变环境，何不改变态度，幸与不幸就在一念之差。

低调：“水因善下终归海，山不争高自成峰”（出自老子《道德经》）。一个姑娘外出工作五年，攒下不少钱，回家过年时，给妈妈买了一套金首饰，全款给爸爸买了辆车，亲朋好友来串门，笑着对妈妈说“生了个好女儿”，问首饰和车多少钱买的。妈妈说：“首饰是二手的，车是贷款的，她一个女孩子在外打拼能赚多少钱。”亲戚宽慰妈妈说：“女孩子一个人在外不容易，能这么做也算非常孝敬啦。”女孩因此感到委屈，妈妈解释说：“这个世界上因你过得好而开心的人只有父母，那些打听你情况的人，只是为了确认你过得比他们差，知道你过得不好，他们就放心了，你可以过得好，但千万不要让他们觉得你比他们过得好，不然就会遭到嫉妒，对你并没有什么好处。”俗话说“高处不胜寒”，一个人无论是在工作上还是在生活中，都应注意自己的言行要合时宜，要照顾到别人的感受，当然这并不是主张放弃原则，一味去迎合他人，而是更好地从实际出发，避免不必要的阻力。人低为王、地低为海，大海之所以有容乃大，正是因为它的低调才海纳百川，蓄积到巨大的能量，倘若大海也像高山一样，身居高位，则不可能聚集百川之水。做人也要像大海一样，有宽广的胸怀，保持低调的风格，这样才显得平易近人，有效消除人与人之间的戒备与摩擦，增强其信任度与和谐度。在现实生活中，我们也不难见到一些人，为了虚荣和面子，得势时盛气凌人，失意时还虚张声势，处处突显出自己与众不同，而事实上这样外强中干的人不仅交不到真正的朋友，反而会因为高调遭人嫉妒，甚至是树敌。低调并不是低能，反而是一种智慧，一个人要做到贵而不显，华而不炫，才高而不自诩，位高而不自傲，要善于韬光养晦，以低调避其锋芒，分散对手的注意力，才能在激烈竞争的环境中有效地保护自己和出其不意地战胜对手。

谦虚：“木秀于林，风必摧之；行高于人，众必非之”（出自李康《运命论》）。同理，若个人在组织中表现得非常出色，要懂得谦虚，要更加尊重他人，避免因自己的出色遭人嫉妒。个人的成长与成功以及价值实现的过程，均离不开团队，均需要与人合作，而合作的前提就是他人能愉快地接纳你。谦虚是一种美德和素质，在生活和工作中平易近人，更能让人从心里敬佩，与你成为知心朋友，从而得到他人的支持与帮助，有效避免因狂妄自大处处树敌的尴尬。

创新：传说古代印度有一位老人，他在弥留之际把三个儿子叫到床前，对他们说："我就要去见真主了，辛苦了一辈子，没有其他遗产留给你们，只有 19 头牛，你们自己去分吧，老大分总数的 1/2，老二分总数的 1/4，老三分总数的 1/5。"话音刚落，老人就咽了气，按照印度的教规，牛被视为神灵，是不准屠宰的，必须整头分，老人遗嘱又必须遵从。那么，19 头牛怎样分？这道难题着实难坏了兄弟三人，他们请教了许多有才学的人，人们总是摇摇头。一天，一位老农牵着一头牛路过，看到兄弟三人愁眉苦脸，询问原因后老农思索了片刻说："这件事好办，我把自己的一头牛借给你们凑成 20 头牛，老大分 1/2 得 10 头，老二分 1/4 得 5 头，老三分 1/5 得 4 头，余下的 1 头再还给我。"这真是绝顶聪明的办法，一个曾使多少人绞尽脑汁无法解决的大难题，就这样干脆利落地被圆满解决了。这件事很快被广为流传，这就是著名的分牛问题。

爱迪生在发明白炽灯时，在实验室里想知道灯泡的容积大小，于是便请助手去测量。可是过了很久，助手还没有把数据送来。于是爱迪生来到助手的实验室，看见助手正在桌旁不停地演算着，便上前问他在干什么，助手回答道："我刚才已经测量灯泡不同部分的周长，现在正在用数学公式进行计算，马上就可以知道答案了。"爱迪生哭笑不得："难道你就不知道先把灯泡里灌满水，然后去测量水的体积吗？"如果按照常规数学计算，最终肯定会计算出来，但计算的过程复杂且效率低下，在日常生活中往往会遇到用常规方法难以解决的问题，只要从不同角度、时间、空间、对象跳出常规思维的圈子，看似非常复杂的问题就会迎刃而解，很快得到有效解决。

尽责："金杯银杯不如老百姓的口碑"，一个人有诸多社会身份（角色），每一种身份都有其对应的责任，尽责既是一个人社会价值的体现，又是一个人良好形象的展示，我们在尽责的时候，努力程度也体现了敬业精神和职业操守，也是在向他人展示自己的基本素质和道德水准。

1979 年婆婆去世，在舅爷的主持下，召集父亲同怀商量 300 余元安葬费借款如何分摊，父亲见其他同怀面带难色，也深知各家不易，便以一己之力承担了所有费用。当时在父亲同怀中，因爷爷去世得早，父亲作为长子，很小就挑起了全家维持生计的重担，没有读过一天书，其能力与家境在同怀中是相对较弱的，那时我虽小，可这件事情在我幼小的心里留下了深刻的印记。在责任与能力本不匹配的情况下，父亲的行为却体现出了对婆婆的孝敬与同怀之间的情义，父亲知道自己困难，同怀也困难，父亲的选择尽到了一个长子的责任，正是父亲这种责任与担当，给少年时代的我留下了人生最宝贵的精神财富，这也是一直激励我要做一个有责任、有担当的男人的精神动力。后来父亲去世时，我也像父亲一样，承担了父亲生病期间所有的治疗费与去世后的安葬费。父亲去世时，弟弟向单位借了 2000 元，安葬父亲后，我拿出 2000 元现金对弟弟说："兄弟，爹养你一回，生病期间你去医院花了 600 元医疗费，算是尽了为人之子的孝道，这些钱拿回去把单位的借款还了，好好过日子。"回忆起这些事情，我心里充满了一种正能量，一种对父亲一生的敬佩与怀念，在父亲去世后第 13 年的 2009 年，中秋节我写下《又逢佳节倍思亲》一文缅怀父亲一生正直不阿、重情重义、勇于担当的精神。

又逢佳节倍思亲

独在异乡为异客，每逢佳节倍思亲……父亲去世已十余个年头了，人们常说时间可以让人忘记过去，随着时间的推移，经历过风风雨雨之后，父亲那正直、善良、慈祥的形象在脑海中越来越清晰，他不断激励着我前行。

父亲一生勤劳，爷爷去世时父亲还不到十岁，因为家境贫寒，加之父亲是长子，稚嫩的双肩过早地承担起了重担。没有上过一天学的父亲，一生虽然勤奋，但终究没能较好地改变自己生存的环境，也没能为子孙后代留下多少物质财富。尽管如此，我还是非常感谢我的父亲，非常敬佩我的父亲，非常怀念我的父亲……因为今天的我，有很多东西是父亲给予的，他给予我的不是物质，而是精神。

感谢父亲一生的善良。父亲一生生活得非常清贫，却能乐善好施，每当别人家中有什么困难，他总不遗余力去帮助他人。自打我晓事起家中就没有过存粮，一年不接一年，年年如此，即使到了20世纪80年代末，家中也未完全解决吃饭问题，吃饱穿暖仍是家中的主要需求。尽管如此，父亲却是一个好客派，“贫居闹市无人问，富在深山有远亲”，可我们家却有着富人家的门庭若市，总有客人，不论是亲戚朋友，还是南来北往的过客，父亲只要在家，总免不了把家中最好吃的拿出来招待客人，家中尽管艰难，但父亲总是说“吃亏是福”。现在想来，虽然父亲没有读过书，但他却懂得人情世故，他之所以对人好，完全是善良的本性所致，他对人好，并不是希望别人能给予他什么回报，他经常给我们讲，“人生在世，恶有恶报，善有善报，不是不报，只是时候未到”，也许这就是他一生向善、追求善果的动力。

敬佩父亲一生勇于担当。记得我还很小的时候，婆婆就经常生病，婆婆去世前三年一直卧床不起，老年性支气管炎让婆婆很多时候呼吸困难，在那几年，我常常坐在床头，让婆婆靠在我身上，让她呼吸顺畅一些，父亲更是时常如此。到婆婆去世时，家境已近一贫如洗。即使在这样的情况下，我清楚地记得婆婆去世后，在舅爷的主持下召开家庭会，讨论婆婆去世后的账务处理，当时舅爷面对父亲同怀四人，征求他们的意见，父亲在其他同怀没有主动表态的情况下，竟一人承担了所有费用。而当时父亲在他们同怀中，能力和实力算是相对较弱的一个，但是为了其他同怀能过得好一点，他承担起了比自己能力更大的责任。一个人有担当，才会有成长，在父亲身上体现出的是一种对责任的担当精神。现如今，我过着比父亲当年富裕百倍的生活，我想这也许是他老人家为我所造的福，我敬佩他老人家面对责任与能力时，表现出来的一种有限能力、无限责任的气概。

怀念父亲一生对儿子的疼爱和寄予晚辈的希望。记得那是在集体生产的时候，生产队修水库，偶尔会改善一下生活，有一次打牙祭，每人分得三片肉，父亲舍不得吃，晚上回家时将三片肉用园子里的青椒炒出来，让我们改善了一次生活。虽说现在不缺肉吃，但那是我一生中吃到的最香的肉。在父亲的心中，他处处考虑的不是自己，而是尽可能给他人一些关爱和温暖，为了能让我们读书，父亲很多时候披星戴月，在白天忙完集体的活后，晚上还要忙自己的菜园子。他经常教育我说："孩子，爹这一辈子没有读过书，你可要好好学习，将来做一个有用的人，要像村里张家的孩子那样，争取考一个好学校，出来有一个正式工作，要像村里李家的孩子那样，在部队提了干，把一家老小全接到城市。"我是听着父亲这些心愿长大的孩子，虽然我读书时家境贫寒，一天只能吃两顿饭，但我已经比父亲的童年幸福多了。我没有好好读书，在人生第一次应该出成果的时候没能走出农村，名落孙山的我最终到了部队。那时我便不敢有丝毫的懈怠，为了实现父亲的愿望，我拼命地工作，无论是分内的事，还是分外的事，只要是能够干的事，我都不放过任何一次可以让领导肯定的机会。就这样过了两年，通过自己的努力，我迈入了中国人民解放军昆明陆军指挥学院的大门。记得考上军校那年回家，父亲不知道有多高兴,他看到自己的儿子为他争了一口气,眼里闪动着激动的泪花。是呀!谁言寸草心,报得三春晖,天下的父母没有一个不望子成龙、望女成凤的,虽然他们说话做事的方式方法有时差别很大,甚至有时在我们看来不太合时宜,但在他们心里,儿女永远都是他们最牵挂的人,无论你走到哪里,他们心中总是惦记着你的冷暖,盼着你能超越他们,过上幸福的日子。

又到一年中秋节,在这个皓月当空的日子里,多少家庭欢聚一堂,父亲您可安好?一生的劳碌使您积劳成疾,过早地离开人世,您一生的愿望就是希望儿子有一天也像其他有志的男儿一样,衣锦还乡,把您从山里接出来过几天城市的生活,可我还没来得及,您却离我而去,真是子欲养而亲不待,让我终生愧疚。虽然您离开了我,但您一生善良、勤劳、勇于担当的精神一直陪伴和激励着我,您一生对我付出的爱,激励和感化着我面向未来,您给予了我太多朴实无华的道理,使我不断努力工作,积极生活,正确面对人生所遇到的困难和挫折。今天我的生活过得像您所期望的那样,儿子的幸福凝聚了您一生哺育的心血,是您朴实无华的品质教会了我怎样做人;是您一生清贫中对幸福的渴望,使我自强不息;是您勇于担当的气节使我懂得了什么叫责任。节日到了,儿子遥祝您在天的那一边节日快乐!如果有来生,我们还做父子!

一个人对责任的承担越彻底,就越能得到他人的认同与赞赏,继而得到他人的信任,有效地建立起良好的人际关系,为人与人之间的合作共赢奠定基础。

第八章

预防与控制

凡事预则立，不预则废。一切事物从产生、成长、成熟再到衰亡，整个过程均与风险相伴，认识、预防以及管控风险就显得非常重要，也只有正确认识风险的危害性，加强预防机制，对风险进行科学的管控，才能有效规避和防范风险，将风险的不利因素降至最低，最大限度地确保事物朝着健康有利的方向发展。

一、如何正确认识风险

正确认识风险是做好风险预防和管控工作的前提，有效避免各种风险的发生，把风险的不利因素降至最低，甚至是零风险，更好地促进个人及组织健康成长和发展。

1. 风险的客观性

风险的客观性，首先表现在它的存在是不以个人的意志为转移的。从根本上说，这是因为决定风险的各种因素相对风险主体是独立存在的，不管风险主体是否意识到风险的存在，在一定条件下仍有可能变为现实。其次还表现在它无时不有、无所不在，它存在于人类社会的发展过程中，潜藏于人类从事的各种活动之中。

2. 风险的不确定性

风险的不确定性是指风险的发生是不确定的，即风险的程度有多大、风险何时何地由可能转变为现实均是不确定的。这是由于人们对客观世界的认识受到各种条件的限制，不可能准确预测风险的发生。如近年来频繁发生的自然灾害，海啸、地震、极端恶劣天气，人为造成的各种恶性事件等，这些风险具有以下特点，一是人们受科学技术手段的滞后性影响，仍无法完全进行预测和判断，即使事前有所征兆，也很难精确测算出风险程度的大小；二是人为造成的各种风险，由于不同的价值取向决定了一个人的行为模式，或是缺乏责任心，或是为了某种利益，或是有意制造恶性事件，这类风险更具有隐蔽性，但人的思想是随着与之相关的因素而发生变化的，如价值观、周边所处的环境等，更不易被发现和知晓，加大了风险的不确定性。

3. 风险的不利性

风险一旦产生，就会使风险主体的正当权益遭受到不同程度的损失，甚至是灾难，这对风险主体是极为不利的。2011 年 3 月，日本福岛核电站发生核汇漏事故，无论是什么原因导致，就其损失来说是巨大的。风险的不利性要求我们在承认风险、认识风险的基础上做好决策，尽可能地避免风险，将风险的不利性降至最低。

4. 风险的可转化性

风险的可转化性是指在一定条件下风险可以转化，即事物发展过程中，初期的一个小小的失误或隐患，在后期就会发展成大的风险，造成巨大的损失。一颗马蹄钉输了一场战争的故事人们并不陌生，这是一个真实的故事，它出自 1485 年英国国王理查三世的遭遇。

战斗进行的当天早上，理查派了一个马夫备好自己最喜欢的战马，交代马夫快点给它钉好马蹄铁，马夫接到任务后对铁匠说：“国王希望骑着它打头阵。”铁匠对马夫说：“你得等等，我前几天给国王全军的马都钉了马蹄铁,现在我得多找点铁片来。”马夫不耐烦地叫道:“我等不及了,敌人正在推进,我们必须在战场上迎击敌兵,有什么你就用什么吧。”铁匠用一根铁条打了四个马蹄铁,把它们砸平、整形,固定在马蹄上,然后开始钉钉子,钉了三个马蹄铁后,铁匠发现没有钉子来钉第四个马蹄铁了,铁匠说:“我需要多一点时间砸出两枚钉子。”马夫急切地说:“我等不及了,我听见军号了!你能不能找东西凑合凑合?”铁匠说:“我能把这个马蹄铁钉上,但是不能像其他几个那么牢固。”马夫问:“能不能撑住?”铁匠回答:“应该能,但我没把握。”马夫叫道:“好吧,就这样,要快点,要不然国王会怪罪到我们头上的。”就这样铁匠草草固定了第四个马蹄铁。

两军交锋,理查国王冲锋陷阵,鞭策士兵迎战敌人,远远地,他看见战场另一头几个本方士兵退却了,理查策马扬鞭冲向那个缺口,召唤士兵掉头战斗,他还没走到一半,一个马蹄铁掉了,战马摔倒在地,理查也从马背上摔了下来,跌到地上,国王还没有抓住缰绳,惊恐的马就跳起来逃走了,理查环顾四周,他的士兵们纷纷转身撤退,对方的军队包围了上来。理查在空中挥舞宝剑喊道:“马!一匹马!我的国家倾覆就因为这一匹马!”他没有马骑了,他的军队已经分崩离析,士兵们自顾不暇。不一会儿,对方的士兵俘获了理查,战斗结束了。

从那时起,人们就说:失了一颗马蹄钉,丢了一个马蹄铁;丢了一个马蹄铁,折了一匹战马;折了一匹战马,损了一位国王;损了一位国王,输了一场战争;输了一场战争,亡了一个帝国。所有的损失都是因为少了一个马蹄钉。

世界上没有无缘无故的爱,也没有无缘无故的恨,一切都是因果轮回。

每一次经历都是有价值的，失败了会留下教训，成功了会积累经验，这些经历总会在另一个地方或另一个时刻显出它的价值，风险的预防与控制是为了最大限度避免风险的发生，求得好的结果，但好的结果必须建立在事前对各种因素有利性充分发挥和不利性充分控制的基础上，这就是“因果定律”。事物的发展过程中类似这样的细节，常常会存在一些风险隐患，正如一台运转的机器中，一颗小小的螺丝松动了都有可能导致机器无法正常运转，而事物的发展中人的因素占主导地位，但人又因所扮演的角色不同，如果缺乏系统性思考，缺乏全局观念，只从本位出发，每个环节即使出现一点小问题或瑕疵，也会导致整个系统的崩溃。

二、风险管控案例带给我们的思考

继多个国际品牌在2005年遭遇产品危机之后，在2006年的饮料消费旺季即将到来之际，可口可乐、百事可乐两大国际饮料巨头同时遭遇旗下产品芬达、美年达中苯含量超标且可能致癌的棘手问题，引起了社会各界的高度关注。

2006年2月22日，新西兰一家网站刊登消息称，包括可口可乐旗下的芬达汽水、百事可乐公司旗下的美年达橙汁等软饮料，都含有防腐剂和抗氧化剂，可能构成致癌危险。旋即，当地时间3月2日，英国食品标准局在其官方网站公布的消息，证实了新西兰网站的说法。两则消息迅速传入国内，一时间各大媒体纷纷报道，又一起食品安全危机来临！

事件一开始，这则苯超标的质疑消息遭到可口可乐、百事可乐的一致否认，与数起类似案件如出一辙。

可口可乐（中国）和百事可乐（中国）清醒地意识到仅靠自己的解释和回应显然无法让公众信服，必须得到权威机构的认可与支持，才能还原于真相，让公众信服。

3月7日，中国饮料工业协会对“饮料含苯问题”首次正式做出回应。在公开声明中，中国饮料工业协会称，英国食品标准局在对市面上出售的230种软饮料检测后发现，大部分样品中苯含量非常低，在世卫组织限制的安全饮用范围之内，不会对公众健康造成威胁。同时，针对引起广泛关注的“少数含有维生素C及苯甲酸钠的饮料中存在苯”的消息，国家质量监督检验检疫总局共对进口及国内生产销售的170多批次软饮料产品完成了检验，结果显示，所有样品苯含量均未超过相关规定。专家的评论意见给了可口可乐和百事可乐一颗定心丸，针对软饮料会致癌这一说法，中科院化学研究所某教授表示，目前国内还没有相关研究来证明，他表示:“苯甲酸钠作为防腐剂使用已有很长的时间，应该说一直是安全的”，他说，软饮料一般是常温甚至低温条件下饮用，如果不加热，即使同时含有这两种物质，也不太可能产生苯。另外，与家庭装修、汽车尾气带来的影响相比，也是微不足道的，完全没必要引起恐慌。权威机构的验证信息和专家的评论，无疑具有极强说服力。众多媒体在经过前期的曝光后,已经开始将报道主题转到“软饮料含苯量不会威胁健康”等方向，而新浪网的“芬达、美年达饮料有致癌危险”专题页面的新闻链接数量也远低于2005年的雀巢奶粉“碘超标”事件及肯德基“苏丹红”风波等专题。事件发生仅一个多星期后，至3月13日，国内已经鲜有媒体再进行追踪报道。闹得沸沸扬扬的芬达、美年达等含苯饮料可能致癌一事终于告一段落。

反思处于危机中的企业往往由于利益关系会和社会公众产生一定的冲突，组织本身发出的信息和解释比较难被公众直接接受，说服力不足。这时向知名专家学者或者权威机构请求验证，通过第三方传递出信息，往往会起到降低社会公众警戒心理，重获信任的效果。“芬达、美年达致癌风波”中可口可乐（中国）、百事可乐（中国）的危机应对，充分显示出通过官方和权威部门“代言”的公关效力。从整个芬达、美年达致癌风波事件来看，可口可乐（中国）、百事可乐（中国）几乎毫发无伤地安然度过，其主导原因在于事件的爆发初期权威检测机构的检测结果及专家的评论信息，而非两大饮料巨头公关人员的声明辩解。这样的做法，也是众多成功企业面对危机所采取的一种有效方法。当然，一个成功的企业，提供的产品与服务必须建立在诚实守信的基础上，自觉构建高度负责的责任体系，在这样的价值观下，为社会大众提供有益、有价值的产品和服务，才能更好地追求阳光下的利润，为经营营造一个良好的社会环境，拓宽发展之路。

企业经营过程中，无论是向社会提供的产品或服务，其主体都是人，很多时候从主观上讲，谁都不想犯错，但随着科学技术的发展和信息技术的广泛运用，人们生活在一个信息充分发达和个体认知相对有限的社会环境中，加之人们对某一事物认知程度的差异化，其标准和要求也不尽相同。有错则改，要拿出诚意，真心实意进行改进，才能赢得社会的认同和尊重。孔子说：“过而不改，是谓过矣”（出自《论语·卫灵公》），这是一个态度问题，一个人或一个企业也只有如此，才能使自己不断成长和发展，一味地掩盖和否认是一种不诚信的消极态度，这不仅再次伤害他人，对自己更无益处，无疑是自掘坟墓。

三、预防在风险控制中的作用

魏文侯问名医扁鹊："你们家兄弟三人，都精于医术，到底哪一位医术最好呢？"扁鹊回答："大哥最好，二哥次之，我最差。"魏文侯再问："那么为什么你最出名呢？"扁鹊答："我大哥治病，是于病情发作之前。由于一般人不知道他事先能铲除病因，所以他的名气无法传出去，只有我们家里的人才知道。我二哥治病，是于病情刚刚发作之时。一般人以为他只能治轻微的小病，所以他只在我们的村子里才小有名气。而我扁鹊治病，是于病情严重之时。一般人看见的都是我在经脉上穿针放血、在皮肤上敷药等大手术，所以他们以为我的医术最高明，因此我的名气响遍全国。"

预防在风险控制的作用如同治病，在人类发展过程中，曾经有多少传染病夺去了人们的生命，如百日咳、破伤风、乙脑、霍乱、天花等，随着科学技术的发展，人们认识到预防的重要性，研制出了对应的预防疫苗与药品，有效预防和控制了这些疾病的发生，保障了人们的身体健康。

在社会活动实践中，事物发展的因果关系形成一个循环系统，而风险总存在于这个系统之中的每一个环节，一切有可能发生的风险如果不加以控制和管理，最终将导致风险的发生。对于风险的管控，预防是最好的方法和手段，正如“事后控制不如事中控制，事中控制不如事前控制”，说到底还是一个思想意识和认识的问题，只要思想上重视，行动落实，筑牢防线，就可以避免或最大限度降低风险的发生。

四、如何管控风险

既然风险客观存在，一旦发生将产生巨大的损失，加强对风险的管控就无疑是正确的，如何加强对风险的管控？除思想上重视外，还应从具体操作层面上加以研究，制定切实可行的措施，才能对风险进行有效管控。具体来讲要做好以下十个方面的管控。

战略管控：人的一切社会活动都有其自身的目的性，如，我要做什么？要到哪里去？对于这个问题，只有进行战略管理才能有效地解决人们的行为意义。在人趋利避害的自然属性中，人们的行为应当表现为客观上为他人，主观为自己，有效地将利他与利己结合到最佳点。选择“做什么、到哪里去”决定了方向，而这个方向必须符合国家的法律、法规和社会公德，在有利于社会和他人的同时也有利于自己，只有方向对了，所有的行动才会有意义，从而消除法律与道德风险。如果仅为了自身利益，不顾法律法规和社会公德而铤而走险，必将受到法律制裁和道德谴责，这将带来战略性风险。在这个问题上我们必须坚持“做好事、走正道、谋幸福”的战略，要主动放弃一切不利于他人、不利于社会、最终不利于自己的发展方向。

决策管控：无论是个人还是组织，每天都要面临诸多事务的处理，这些事务的处理是否处于安全有效的运行状态？是否符合标准与要求？这与事前的决策密切相关，无论是个人还是组织，从主观愿望上都愿意把事情做好，如果方法不对，往往事与愿违。进行决策管控，就是将遇到的问题，根据其大小充分进行讨论和论证，走集思广益的群众路线，避免片面的独裁决策。在这个过程中大家充分发表意见，虽然会花费一些时间成本，但这是确保路线、方法正确的必要成本，特别是作为一个组织的领导者，切不能为了急功近利而匆忙决策，导致事后无法挽回的损失。民主决策既是思想和认识的交锋，又是达成标准和行动统一的有效方法，在此过程中大家充分发表意见，正是每个人在不同角度对事物进行分析和判断的基础上，对好的方法进行采纳、对不正确的意见进行纠正，最终形成决策，才能有效提升决策的正确性、系统性，有效控制各种风险的发生。

机制管控：好的机制会使人变好，坏的机制会让人变坏。比如分粥机制，刚开始时，每人轮流分粥，分粥者先拿，轮到自己时，自然会多得，大家都抢着分粥。后来分粥机制变了，即分粥人最后一个拿粥，无论谁分粥，他必须保证分粥的公平性，否则，最少的那碗粥便是自己的。

在社会实践活动中，很多事情都依赖于群体间的相互协作，才能产生良好的结果，机制就是一种导向，“倡导什么，奖励什么，禁止什么，惩罚什么”，无疑为群体中的每个成员指明了方向，确保事物朝着既定目标和方向发展。制定机制时，应尽可能将有利和不利因素考虑周全，凡是有利于事物发展的积极因素，要大力调动和肯定；凡不利于事物发展的因素要大力管控和反对；凡是有可能发生风险的因素，若不加以管控，最终将会导致风险的发生，正如管理学中的“井盖理论”，即井盖缺失后，就有可能发生事故，如果不及时换上新的井盖，发生事故则是迟早的事。

过程管控：任何事情有了目标、计划之后，仅完成了前期的准备工作，在目标和计划的制定与沟通过程中，在一定范围内达成了思想上、认识上、标准上的统一，为后期围绕目标开展工作奠定了基础。而这些认识和标准能否作为团队的自觉行动，还需要进一步发动群众，统一思想，才能增强行动的自觉性；目标和计划能否如期所愿，整个落实过程的管控显得十分关键。在落实过程中经常会发生这样一些问题：一是跟踪检查不到位、执行走样，这就需要各级在工作落实过程中做到检查到位、跟踪到位，及时发现事物推进过程中存在的问题，不论是认识上的问题还是思想重视不够的问题，都要做到及时发现，认真分析，拿出切实可行的保障措施，继续确保正确的发展方向，在此过程中也是检验各级工作作风是否扎实、是否过硬的试金石，否则，风险将悄然而至。二是在执行过程中，影响预期目标和计划的重要因素发生了较大变化，已不能再按照原先的计划推进时，要及时作出调整，按照新的计划推进。三是在推进过程中遇到的新问题，要充分发动群众进行头脑风暴，集思广益拿出解决办法，将风险控制于萌芽状态。

结果管控：干部要出政绩，企业要出业绩，学生要出成绩，过程管理是一件十分烦琐的工作，很多时候会出现公说公有理、婆说婆有理的现象，耗时耗力，效能低下，解决这一问题最有效的办法就是拿结果说话。我们来看两个案例。

案例一：二战期间，美国空军降落伞的合格率为99.9%，这就意味着从概率上来说，每一千个跳伞的士兵中会有一个因为降落伞不合格而丧命。军方要求厂家必须让合格率达到100%才行。厂家负责人说他们竭尽全力了，99.9%已是极限，除非出现“奇迹”。军方从结果管控的角度改变了检查制度，每次交货前从降落伞中随机挑出几个，让厂家负责人亲自跳伞检测。从此，“奇迹”出现了，降落伞的合格率达到了100%。

案例二：英国政府雇佣私人船只运送犯人到澳洲，按照装船的人数付费，多运多赚钱。很快弊端出现了：罪犯的死亡率非常高。政府官员绞尽脑汁想降低罪犯运输过程中的死亡率，包括派官员上船监督、限制装船数量等，都实施不下去。最后，他们终于找到了一劳永逸的办法，就是将付款方式换了一下：由根据上船的人数付费改为根据下船的人数付费。船主只有将人活着送达澳洲，才能赚到运送费用。新政策一出炉，罪犯死亡率立竿见影地降到了百分之一左右。后来船主为了提高生存率还在船上配备了医生。

从这两个案例我们可以看出，只有规则和制度才能让人性的阴暗无处发挥。任何好的结果都会总结出好的经验与方法，任何差的结果同样也能总结出教训和问题，结果就是对过程最好的佐证，根据这一思想，任何事情只要及时进行总结，如每日一小结、每周一回顾、每月一总结，坚持以结果为导向，对所产生的结果进行剖析，进一步保持和发扬好的经验与方法，对工作中的教训进行做到防微杜渐，对工作中存在的问题拿出改进措施，这样就可以对风险形成有效的管控。

法务管控：个人和组织要增强法纪意识，养成依法办事的习惯，说话做事都要依据事实，做到有理有据、合理合法，不能凭个人喜好率性而为。在日常生活中，人们相互借钱以解燃眉之急虽屡见不鲜，但并非均履行了承诺，到头来有些借钱者不仅损失了财富，还伤害了感情。再如，在信息化时代，获取各种信息已经非常方便，但这些信息要正当合法地使用，随着市场经济的发展和各种营销方式的不断创新，获得有价值的客户群体成了营销人员的一项重要工作，对于个人信息（包括通讯信息），从法律角度属于个人隐私权保护范畴，如果掌握这些信息的单位和个人随意进行买卖，则是违法行为；

对于有知识产权保护的信息，在使用时要征得原创者的同意，并进行有偿使用，否则就有可能受到对方的起诉。法务管控第一要学习法律，做到知法、懂法；第二要守法，自觉做到不违法；第三要运用法律保护自身合法权益，对违法者坚决依法办事，营造一个良好的法治环境，使社会秩序处于有序状态，促进社会的发展。

财务管控：财务管控除严格执行国家财税政策外，还要做好财务预算和收支管理，特别是对企业经营而言，预算管理是对现金流管理的重要内容，一个企业资产再多，如果预算管理跟不上，出现现金断流，相当于人没有了血液，这是极其危险的。加强财务管控，就是要做到收支平衡、量入为出，投资、融资、举债、资产购置与变卖均要根据业务经营状况，做到有计划地进行，把风险控制在可控范围，切忌在经营过程中盲目扩张而过度举债，一旦某一环节发生问题，将出现多米诺骨牌效应。同时也要防止经营效益好时盲目投资、借钱于人或替人担保，无论是个人还是组织在财务管控上都应遵循“量入为出、勤俭节约、风险可控”的原则，才能有效控制好各种财务风险。

专家管控：“闻道有先后，术业有专攻”（出自韩愈《师说》）。人生所从事的各类社会实践活动，既有相对独立的专业性，又有复杂的综合性，每一个人都不可能成为精通各行各业的全才，在遇到自己不熟悉的领域和专业问题时，应虚心请教专家，得到专家的支持和帮助，以便更全面地掌握其事物发展的内部关系，对不利因素加以管控，有效防止风险的发生。

技术管控：随着科学技术的发展和自然科学在社会实践活动中的广泛运用，技术进步不仅大大节省了人力、物力，提高了经济效益，更重要的是改变了原有的交流方式，如通信技术和互联网技术的发展，使人们之间的联系更为方便和快捷，从最初的烽火为号，到快马六百里加急，再到今天的移动通信和互联互通，这些都改变了原有的交流方式，但随之而来的信息安全问题也摆在人们的面前，利用网络漏洞监听和窃取各种信息一时使个人信息和隐私无处藏身。凡事都存在多样性，有矛就有盾，在各个领域，都会存在魔高一尺、道高一丈的现象，自古如此，事物就是在矛盾交替中前进和发展，面对技术性风险，要有诸葛亮“以夷治夷”的思想，充分利用专业技术人才，寻找其技术自身的缺陷和有效的技术手段，对风险进行有效的管控。

细节管控：细节虽微，却容不得马虎，随着科学技术的发展，各种先进精密产品不断问世，上到太空飞船，下到深海潜艇，以及协助人类工作和生活的各种机械设备，制造过程无不体现出其精细，从组合拆分的角度来看，若把每一个环节单独拆分开来看，一些问题并不能造成风险，但每一个环节和细微之处问题的叠加就会形成系统性风险；从事物发展的时限性来看，有些风险今天不发生，并不代表永远不发生，任何事物都有一个从量变到质变的过程。风险的管控要从长远着眼，从细微入手，本着求真务实的态度，抓好每一个细节的管控，才能有效规避风险。

第九章

修炼与魅力

人是理性和感性的结合体，从美学的角度而言，天生丽质、英俊潇洒、拥有高颜值的人，一见面便会给人留下美好的印象，这无疑会大大提升个人魅力。然而，个人的长相是由父母遗传基因所决定的，在一定的范围内，个人无法选择这些外在的先天因素，但除了这些外在因素外，决定个人魅力的更是内在修炼，那些通过内藏于心的智慧、博爱、境界、眼光、胸怀、格局、气质、能力、道德品质等透露出来的人格魅力，只能通过后天不懈努力地修炼才可能获得。

一、什么是魅力与人格魅力

魅力是指与众不同、独一无二的人“充满了吸引力”，通常用于形容一个人的个性与容貌之美有着很强的诱惑力与吸引力。在日常生活中很多人认为有魅力的人一定要长得漂亮，虽然美貌的确能让人更有吸引力，但是有魅力并不完全等于长得好看，好看的人也不一定有魅力。

人格是指个体在对人、对事、对己等方面的社会适应中，行为上的内部倾向性和心理特征。它表现为能力、气质、性格、需要、动机、兴趣、理想、价值观和体质等方面的整合，是具有动力一致性和连续性的自我，是个体在社会化过程中形成的独特身心组织。而人格魅力则指一个人在性格、气质、能力、道德品质等方面具有的很能吸引人的力量。

人格魅力也是人品、能力、情感的综合体现。有人格魅力的人，有着一流的智商和情商，有着睿智的头脑和敏锐的洞察力，他人遇到困难时则会施以援手。和有人格魅力的人相处时间长了，便会对其产生一种认同、信服和崇拜，值得信赖。

人，既有自然属性，又有社会属性。作为社会属性的人，无论在什么样的社会形态里都不是孤立的存在，离开社会、离开人与人之间的交往，人也将失去社会属性。同时,人的成长与发展也脱离不了社会环境对自己的影响，人心向背不仅推动着历史的变革，还决定了个人成长与发展的空间，而获得人心最重要的一个方面就是个人的人格魅力。

二、人格魅力的性格特征

人格魅力主要表现在性格特征上，人们常说“思想决定行为，行为决定习惯，习惯决定性格，性格决定命运”。正是不同的性格导致了不同的命运，而一个具有人格魅力的人，在性格特征方面则有其独到的表现。

一是在看待生命价值上，有正确的世界观、人生观、价值观，把生命的意义定格于价值创造与奉献。在造福他人与社会的同时，体现出生命的价值与意义，往往在日常工作和生活中有远大的理想与抱负，凡事怀有强烈的使命感，勇于担当、敢于承担责任，自觉应对且不逃避各种困难与挑战，乐意在磨砺中成长。

二是在对待现实的态度或处理社会关系上，表现为对他人和对集体的真诚、热情、友善，富有同情心，乐于帮助别人，乐于与人交往，关心他人与社会，并积极参加有益的集体活动和社会活动。在工作和生活中严于律己，具有开拓创新、锐意进取的精神，自励而不自大，自谦而不自卑；对待学习、工作和事业勤奋认真且释放出满满的正能量。

三是在理智上，表现为感知敏锐，具有丰富的想象力，在思维上有较强的系统性、逻辑性，更突出的是富有创新意识和创造能力。

四是在情绪上，表现为善于控制和支配自己的情绪，保持乐观开朗、包容开放、振奋豁达的心境，情绪稳定而平衡，与人相处时能给人愉悦感，让人心情舒畅。

五是在意志上，表现出目标明确、意志坚定、行为自觉、善于自制、勇敢果断、坚韧不拔、积极主动等一系列积极向上的品质。

具有上述这些良好性格特征的人，其核心是有一颗大爱之心，一个人只要有了大爱之心，凡事都能从利他的角度出发，其一言一行、一举一动都散发出人性的光辉，让人感到亲切与温暖，被他人与社会需求，同时自己也会受到他人与社会的认同、尊重乃至拥戴，其人格魅力自然深深地影响着他人。

三、人格魅力对人际交往的影响

良好的人际关系往往是从人际交往开始的，人在社会交往中，人格魅力越大，其吸引力也就越大，人际关系也就越好，结交的朋友也就越多，无疑会助力自己的成长与发展。

然而，人际关系是人与人之间最基本的关系，也是最复杂的关系。从主观上，人们都想尽善尽美地处理好各种人际关系，但客观上常常为各种人际关系间的纠葛与矛盾所烦恼和痛苦。通过对人格魅力的心理学规律的探讨，旨在促进人际关系向理想的方向发展。

一位著名的商人曾经说："有些人生来就有与人交往的天赋，他们对人对己，处世待人，举手投足与言谈行为都很自然得体，毫不费力便能获得他人的注意和喜爱。可有些人便没有这种天赋，他们必须加以努力才能获得他人的注意和喜爱。但不论是天赋，还是通过自己的努力，其结果无非是博得他人的善意，而获得善意的种种途径和方法，便是'人格'的发展。"

只有健全的人格，才能获得人们的喜爱与合作。因此，智者贤人都拥有极具魅力的人格特征。

有时候，有些人即使与我们偶尔相识，只有一面之交，也能引起我们的注意，使我们喜悦，这是什么道理呢？他（她）能打动我们，使我们善待他们，这又是什么原因呢？贺华勃说："这是一种不可言喻的两情相悦，它给予我们的，犹如芳香给予花儿一样。"

这种人格，或是看人的目光，或是脸上洋溢的微笑，或是举止言谈。如果把这些"人格"凑在一起，我们便得到一个印象，一个结论：有人格魅力的人很受别人的喜欢，使别人对他们产生兴趣，在不知不觉之中愿意和这样的人接近，成为朋友。

因此，可以这样说，这些令我们喜爱的"人格"特征，就是人格魅力的放射。许多人，无论他们的相貌是否英俊，都具有这种人格魅力，具有令人尊敬、爱戴的凝聚力。

四、如何修炼人格魅力

在一个人与人交流的社会里，每一个人都希望自己充满魅力，或者有足够的魅力。通常大家说的魅力大多指向了外表，然而事实上更重要的是涉及人内在的阅历、思想与人格。无论颜值高低，时间是公平的，随着时间的流逝，每个人都会慢慢地老去，能沉淀下来的则是丰富的内心世界，流经岁月所带来的阅历则是魅力值重要的组成部分。

真正的魅力，是指人全方位散发着由内而外的独特气质。真正的魅力，不仅限于外表的气质，更重要的是内心的涵养、人生的阅历、生活的格调、宽广的胸怀、思想的高度、生命的丰富、信仰的纯粹等。虽然人格魅力有先天因素，但是更重要的是后天自身的悟性和修炼，那么我们该如何修炼自己的人格魅力呢？

1. 人格魅力修炼的基本要求

一要有自身的原动力。一个人只有想成为有人格魅力的强烈愿望时，才会有“黄沙百战穿金甲，不破楼兰终不还”（出自王昌龄《从军行》）的决心，才会有“千淘万漉虽辛苦，吹尽狂沙始到金”（出自刘禹锡《杂曲歌辞》）水滴石穿般的毅力，才会有“咬定青山不放松，立根原在破岩中。千磨万击还坚劲，任尔东西南北风”（出自郑燮《竹石》）的坚韧，才会去研究自身应该做些什么，并努力去获得他人对其人格魅力的认同与尊重。没有这个前提，很难修炼出自身的“人格魅力”。

二要具有善良的本性。没有善良的本性，无论如何也难以修成“人格魅力”的正果。瑞典沃尔沃总部有两千多个停车位，早到的人总是把车停在远离办公楼的地方，天天如此。有不解者问：“你们的泊位是固定的吗？”他们答：“我们到得比较早，有时间多走点路。晚到的同事或许会迟到，需要把车停在离办公楼近的地方。”多为别人着想时，路才会走得更远。凡事都能多为他人着想，其善念便自存于心。大爱与善良于人而言，如同大海之中航行的指南针，而一个人的能力如同发动机，无论航行的马力有多大，没有正确的方向，航行最终也无法准确到达目的地。

三要客观看待自身优缺点，在实践中不断完善自己的人格魅力。古人云：“人贵有自知之明。”就是说一个人最难得是能够客观看待自身的优点和缺点。只有真正了解了自己，才能知道如何发扬自身优势并改进自己。因此，人格魅力的修炼不是读几本有关“人格魅力”的书籍，这样就太狭隘了，而是需要日积月累的学习与践行。对于学习的内容，还应根据自身的实际情况，按照全面系统的要求，学习自己当前所从事的专业，做到精益求精；学习社科知识，拓宽自己的知识面，不断开阔视野，为承担更大责任做好准备，为自身成长与发展创造机会；学习为人处世的技巧，拉近与他人之间的关系，增进感情；从实践中不断积累发现问题、解决问题的能力，努力提升自我综合素质。

四要正视成长中的错误，要勇于实践、不怕犯错。金无赤足，人无完人。无论什么行业，无论什么领域，只有不做事的人才能确保不犯错误，一个怕犯错误的人是永远不会成功的,同样也不会修炼出具有影响力的“人格魅力”。IBM 企业格言:“想成功吗?请把犯错误的速度加快一倍。”在人格魅力的修炼过程中,我们一定要本着实事求是的精神,正视自己的错误,要有实践出真知的态度,勇于实践,在实践中找出问题并加以改正,在实践中不断总结经验,加强自身的人格修炼,在量变中求得质变。

2. 人格魅力修炼的七项基本功

鸡蛋从外打破是食品,从内打破是生命。一个积极向上的人生,凡事均须从内求开始。社会的竞争无处不在,修炼自身的人格魅力,其目的是在竞争中获得自身良好发展空间的同时,更好地造福于他人与社会,最终实现其人生的价值。如何才能让自己更有魅力?要从自身做起,练好以下七项基本功,即自强、自律、自信、自省、自谦、自处、自嘲。

自强。“我志在删述,垂辉映千春”(出自李白《古风·大雅久不作》)。人只有学会了自强,才会开始展露魅力。自强能使人不断挑战自己的极限,拓宽胸怀与眼界,从而站得比别人高,看得比别人远。自强的方式方法及内容有很多,如屈原在坚持理想和革新政治的愿望中,虽逢灾厄也决不与邪恶势力妥协,在《离骚》中写下了“路漫漫其修远兮,吾将上下而求索”的催人奋进之辞。唐朝李咸用在面对人生困境时,没有消磨意志、丧失信心,他认为即使千难万难也要勇敢面对,只有自强自立,才能提升人格境界,最大限度地发挥自己的潜能和价值,创造出精彩的人生。他在《送人》一诗中写道“眼前多少难甘事,自古男儿当自强”。关于自强,我们还应丰富自己的兴趣和爱好。会演讲的人很有魅力,因为代表了一种公共能力;懂得音乐的人很有魅力,因为代表了一种才华涵养;会多国语言的人很有魅力,因为代表了一种学习能力;会画画、摄影的人很有魅力,因为代表了一种艺术天赋;

经常运动的人很有魅力，因为谁都想拥有健康的生活；会舞蹈的人很有魅力，因为代表了一种优雅格调；会做美食的人很有魅力，因为代表了一种生活趣味；会持续做公益的人很有魅力，因为代表了一种善良品格……

每个人除了理应对本职工作敬业以外，以上这些兴趣爱好都可以积极践行，参与得越多，体验也就越多，感受就越深，无疑会增加自身的魅力。生命如此美好，时光如此宝贵，不要浪费在无聊的事或人身上。远离那些无效社交或饭局，选择一个安静的时刻，做一件让自己喜欢的事。

靠谁都不如靠自己。相信自己，越活越坚强！靠自己，才能踏实心安；靠自己，才能笑得漂亮；靠自己，才能无惧艰难。你若强大，困难就是小事，你若勇敢，危险也是儿戏。人生如同攀岩，靠别人随时都有可能坠入深渊。事实上，每个人都是独立的个体，都有自己的生活，你无法要求别人一直给你依靠，别人也无法做到随叫随到。在你遇到问题的时候，即使有人可以帮你解决，但是对你而言又能获得什么？总是依靠别人，等到下次遇到同样的问题，你还是不能解决，还会求助于别人，自己什么时候才能真正强大？只有通过自己努力解决问题，才能真正提升自己，让自己强大。

凡事靠自己，人生才不会输。遇到困难，第一时间想到的是靠自己，就会抓紧时间，立刻采取行动，并且做到全力以赴，这样成功的可能性会更大。

就算没有完全战胜困难，在这其中你一定会学到很多知识，积累很多经验，当下次再遇到类似的事情，你一定可以沉着应对，久而久之，你就是人生赢家。好好努力，才能闯出自己的一片天，好好坚持，才能赢得他人的尊重、赢得社会的认同。

2021 年我与家人一起在海南过春节，一日游海南热带雨林，见其槟榔树挺拔直冲云霄，颇有一种奋力向上的精神，故写下《游海南热带雨林有感》，以激励自己。

大千世界五颜六色，红的火热，白的纯洁，黑的庄重，黄的富贵，紫的高雅，青的单纯，绿的生机；直的力量，弯的缠绵；两极严寒，赤道炽热，温带春暖；万物竞生，世代繁衍；适者生存，生生不息，好一幅江山如画，好一个春秋世界，漫步于海南热带雨林中，满目美景，更有槟榔拔地而起、直耸云霄，如利剑直刺苍穹，欲与天空试比高，令人叹之、令人赞之！

槟榔赞

始信直上冲云霄
蛮烟瘴雨不折腰
俯视蔓藤纤中毒
敢向云天问英豪

自律。“草堂栖在灵山谷，勤苦诗书向灯烛”（出自薛令之《灵岩寺》)。自律是一个非常稀缺和宝贵的品格。在家中，或许有家长监督；在学校里，或许有老师监督；在职场，或许有上司监督。无论谁监督，都是他律，每个人都向往自由，被人监督就会感觉不舒心。康德说：“自由不是你想做什么就能做什么，而是你不想做什么就可以不做什么。”生活与工作中，自由与自律往往处于矛盾之中，有人在追求自由时抱着一种“今朝有酒今朝醉，人不风流枉少年”的想法；有人想保持完美的体型、健康的身体，却经不起垃圾食品的诱惑；有人想成为学霸，拿到奖学金，却拒绝不了半夜三更玩游戏；有人想拥有自己的事业，却不能在业余时间研究自己感兴趣的领域或拒绝无益的社交聚会。而一个人随着阅历的增加，会渐渐发现每一个不自律的行为都会给自己带来更大的痛苦。而真正的自律是：做不喜欢但应该做的事情，不做喜欢但不应该做的事情。王阳明说:“人须有为己之心,方能克己,能克己,方能成己。”人需要有一颗检讨自己的心,才能克制自己的欲望,才能成就自己。人生的高度,取决于对自我要求的高度,对自我高要求并严格去做,就是最好的自律。人是一种十分矛盾的动物,强大的惰性与巨大的潜力在体内共存。在没有压力的情况下,人就会变得十分懒散,做事拖拖拉拉,得过且过,成为平庸之辈;而施加了一定的压力和强迫之后,不断朝着目标而努力,人的潜力才会被激发出来,显现出不同于常人的地方。

明代王廷相任都察院左都御史时,在一次接见下属张瀚时讲了一个故事:“昨天我乘轿的时候下起了雨,有个轿夫脚上穿着一双新鞋,刚开始还小心翼翼地挑干净的地方走,生怕踩进水坑弄脏了鞋。过了一会他还是不可避免地踩到泥坑里,从这之后就再也不顾惜自己的新鞋了,什么污泥浊水也满不在乎地踩下。究其原因,轿夫在鞋干净的时候,只想着好好呵护它。一旦踩到泥坑里,破罐子破摔的心理就出现了——反正鞋已经脏了就不用小心翼翼了。”王廷相感慨道:“居身之道,亦犹是耳,倘一失足,将无所不至矣!”

世间哪有那么多心甘情愿和心情愉悦的事?除非是好逸恶劳、娱乐享受,越有用的事情做起来越不舒服。对此王阳明和曾国藩都主张:咬牙做去!可以说,世上的许多事情都是被逼出来的。善于自律的人,通常不用他人提醒,无论是求学还是身处职场,都有非常明确的目标。只有付出比别人更多的努力和功夫,在一次次强迫的磨砺中,慢慢清除掉自己的坏习气,才能恢复内心的本来光明。因为他们知道为何而奋斗,即便人生途中出现偶然的迷茫,也能迅速调整,回归到正常的状态。他们懂得人生不可能一帆风顺,凡事要用积极的态度去面对，不管是顺境还是逆境，需要经历各种磨炼，才能有所成就；当跨越的磨炼越大，其成就也就越大；能付出别人所不能付出，就能得到别人所不能得到；能忍受别人所不能忍受，就能成就别人所不能成就。人唯有去做不喜欢但应该做的事情，不做喜欢但不应该做的事情，才能达到“从心所欲，而不逾矩”的高明境界。

自信。自信是发自内心的自我肯定与相信。无论在人际交往还是事业、工作上都非常重要，自信是一种态度，只有相信自己，继而他人才会相信。乔布斯说：“活着就是为了改变世界，难道还有其他原因吗？”人是思想的载体，更是一个敏感的信息场，无时无刻不在与外界的信息、能量进行交换。每一个人的心理状态和念想，形成了自己的气场。你想什么，相信什么，就有什么样的气场，一个人的世界实相，是自己眼睛、耳朵、嘴、舌头等感官系统创造的，你相信世界是什么样的，世界就是什么样的。心是什么，世界就是什么，当一个人处于热恋时，他看到的每一个人都是可爱的，到处都是光明的，而原来很多不能接受的事情也都能够一笑置之。世界还是那个世界，因为个人状态不同，生成了截然不同的世界。用好的信念取代不好的信念，是命运修造的原则。所以，要想使自己幸福，就必须建立自信，相信自己通过努力一定能获得幸福。一个人要自信，但要防止盲目自信，凡事要勇于实践，不能将自信停留在空想上，没有实际行动的自信如同白日梦一样。要成为自信者，就要像自信者一样去行动。在自律之下自信地讲话、自信地做事，随着小成就的不断积累，自信就会越来越强。同时，也要避免过度自信而成为自负，自负实质是无知的表现，人一旦自负就会表现出狂妄，看不起他人，引起他人的反感。

自省。安不忘危，盛必虑衰。自省的基础是自知，人要学会深刻进行自我批评，自我反省和自我教育。一个人若不知道自己所处的位置或不晓得自己的能力和定位，一味地夸夸其谈，或被一时成就所蒙蔽，一定会栽跟头、出洋相。病人比健康者更懂得什么是健康，一个人越是在顺境的情况下越需要自省，因为一切变化都在转角处。如同金融危机，很多人因为炒股或投资不当而倾家荡产、妻离子散；又如同柯达相机，曾经的胶卷大王，没能跟得上时代的步伐，试图依靠它仅存的优势，最终难以抵抗时代的快速更新和换代。

每个人都有缺点，很容易通过言语或行为表达出来。有智慧的人喜欢让不同年龄、不同层次的友人指出缺点，以此反省自己，使自己变得更好。而真正爱你的人通常会对你直言不讳，说出你的缺点、指出你的问题，因此，要感谢那些指出你问题的人，是他们避免了你的自我膨胀，是他们让你擦亮了双眼。

2021 春节期间，我对自己进行了剖析并发了朋友圈，全文如下。

一是回想这五十多年这么忙碌，只知道一个劲儿往前冲，一直想到达自己设定的目标后再停下来歇一歇，回头看一看自己走过的路，奔跑在前行的路上，却很少关注路边的风景，一路走来，也遇到诸多情况，有激情也有困惑、有顺境也有挫折、有收获也有失意，也有人认同我是一个敢于坚持原则、做事认真的好人，也有人认为我是“一根筋”……众说纷纭之下，我应该对自己有一个客观的认识，端正自己做人做事的态度。

父母在贫瘠的小山沟历尽千辛万苦将我抚养成人，和许多家长一样有望子成龙的心愿，希望有朝一日能享几天清福，以慰多年辛勤的付出，我虽通过自己的不懈努力，从山沟走出来，迈入中国人民解放军昆明陆军学院，毕业后当了一名军队基层干部，了却了父母的一个心愿，但一生为家庭呕心沥血的父亲由于过度操劳，英年早逝，留下了“子欲养而亲不待”的遗憾，我非常怀念父亲那一生勤劳、正直、善良的本性与超出自我能力范围的担当，这也是一直鼓励我不断前行的动力，我虽做不了大事，却不敢数典忘祖，当母亲70岁生日提出要回老家居住时，我在亲人的支持下，为母亲在旧居新建孝苑作为生日礼物，一是表达对母亲的养育之恩，二也是弥补对父亲的遗憾，尽管这样我还是无法释怀对自己的责备，我没有尽到一个做儿子的责任，没有让父亲过上他想要的生活，羊有跪乳之恩、鸦有反哺之义，为人子不能尽孝道，总归是自己做得不好，也希望九泉之下的父亲能懂得儿子忏悔之意，若有来世，让我们再做父子，让我好好孝敬您。

我有一个温柔贤淑、美丽智慧的妻子成为灵魂的伴侣，我虽胸无点墨，却非常羡慕“千古文人佳客梦，红袖添香夜读书”的情调；虽脑无大智，却羡慕郎才女貌比翼双飞的惬意；虽相貌平平，却羡慕“清水出芙蓉，天然去雕饰”的美丽；虽愚钝，但也羡慕“身无彩凤双飞翼，心有灵犀一点通”的默契，一生倔强的我，虽内藏柔情，但外在刚烈，常常引发事端，让人不悦。

我既无“文能提笔安天下，武能上马定乾坤”之才，也无卧冰求鲤、成人之美之德，总拿着自己的标准来要求和看待别人，说话办事脑子不转弯，有什么说什么，见什么说什么，不顾面子、不讲美言，专挑毛病与缺点，搞得大家心情不舒畅。

我不懂得屈意迎合，酷似诤臣，实则不懂尊重，也曾给好下属下过一个定义：想上级之所想，做上级之所事，说领导之想听，让自己之所功，揽上级之所过，遇到问题不叫难，看到事情主动干，没日没夜常加班，大功告成站一边，鲜花掌声献领导，辛酸委屈肚中咽。遗憾的是自己懂，却没有做到。

我对自己严，对别人也严，对家人更严，总想着严师出高徒，而实则自己不是师，他人也不是徒，总想严父慈母出龙凤，认为当父亲要严格，温暖慈爱是母亲的事，实则每个人都希望温暖，每个人都很脆弱，人性最大的弱点就是希望能得到他人的认可与赞美，而我总是在相反的道路行走，无论再怎么努力，道路的方向反了，越努力越差劲。

我常想一个人应该如何度过一生？少年立志，让青春插上理想的翅膀，让生命充满激情与正能量；中年立业，干成几件自己想干的事，让这个世界知道自己曾经来过；晚年立言，留几句经典台词，让后人去品味，让世人知道过往的岁月中有这么一个人。面对哲学三问——你是谁？从哪里来？到哪里去？我也曾经作答：宇宙一尘，天地赐命，父母赐身，但求小成，哭来笑去，无憾此生。人的一生很短暂，在有限的生命长度里，来之偶然，去之必然，金无足赤，人无完人，又何必如此严苛，正所谓退一步海阔天空，在这个世界上不要对他人寄予不切实际的期望。“自强不息、厚德载物”告诉人们所谓的幸福是要靠自己去创造的，这就要求我们要以入世之心积极进取地去做事，培养自己拿得起的能力，要自强不息地去创造物质文明与精神文明，要以出世之心看淡名利去做人，陶冶自己要厚德载物放得下的情操，在一上一下、一动一静之间寻求生活的幸福之道。因果定律会告诉人们，无论世事如何变幻，无论岁月如何沧桑，无论前程多么艰难，在心中仍坚守自己那份“谋事在人，成事在天，问心无愧、让自己的灵魂安然即可”的宁静。

二是对那些认同我的人说声谢谢，在这个世界上我自认为做得不好，能给予认同，那是因为你们有一颗包容、理解、博大的胸怀，在你们心里认为人非圣贤，孰能无过？你们怀着一颗慈悲之心，在我前行的路上给予了关心与帮助，你们是我生命中的贵人，我会永远铭记于心，感恩你们！

三是对那些对我有不同看法的人也要说声谢谢，虽然我做得不好，你们却用另一种方式来帮助我，无论是批评还是指责，让我知道路要靠自己去走，每当最困难、最艰难的时候，我都会想到《青松》“大雪压青松，青松挺且直”与《竹石》“千磨万击还坚劲，任尔东西南北风”这几句诗，这也是我在人生道路遇到困难时最坚强的精神力量。从中可以看出我是一个有棱角的人，这样的棱角在无意识中可能会伤到他人，也会伤到自己，无论世事变化如何，无论自己成长如何，我内心始终坚持最朴素的做人信仰：凡事要对得起良知。如果我真的伤害了谁，那也是方式方法问题，并非有意之举，在此说声对不起。你们像一块磨刀石，一直陪伴着我前行，让我时时刻刻不敢懈怠，在此也要真诚地说一声谢谢！

四是对自己说声谢谢，落红深处有冷暖，世事沧桑也寻常；总有起风的清晨、绚烂的黄昏，也有和煦的朝阳、流星的夜晚；更有四季轮回的春天，有落花流水的季节，还有懵懂的坚持、成功的自信与领悟；更有委屈的泪水、失败的教训与警醒，人生如潮，一起一落，起伏之间周而复始，生命不止奋斗不息，感谢自己在最苦最累的时候没有放弃、从未停止，一直努力做更好的自己。无论是在工作上还是在生活中，没有在低谷之时选择逃避，没有因压力而颓废，心中始终怀着对事业的憧憬、对美好未来的期望，这些憧憬和期望就像每天早上东方冉冉升起的晨光一样，洗去昨日的疲惫与忧伤，给我无穷的力量。只有这样自己才能活出“菩提本无树，明镜亦非台……本来无一物，何处惹尘埃”的洒脱与境界。新的一年，新的开始，冬天已去，春天已至，让我们用新的面貌、新的姿态去迎接新的辉煌！

自谦。“未出土时先有节，便凌云去也无心”（出自《咏竹》）。自谦，最重要的就是要学会自我谦卑。两者相似，却有不同的定义和理解。谦虚：虚心，不夸大自己的能力或价值，没有虚夸或自负，不鲁莽，不一意孤行。谦卑：甘愿让对方处在重要的位置，让自己处在次要的位置，奉献自己，成就他人。

谦卑是一种积极的心态，不在表情上，不在言语里，也不在衣着上，而是在心灵中。谦卑的效果是双重的：谦卑的人会理性客观地看待自己的优势与长处，并不希望别人高看自己。这样的人往往带有一种馨香之气的美德。没有人喜欢跟骄傲的人成为朋友，在与人打交道的过程中，人越谦卑，所散发出来的魅力越是迷人。

自处。自己和自己相处，人们往往把交往看作一种能力，却忽略了独处也是一种能力，并且在一定意义上是一种比交往更为重要的能力。如果说不擅交际是一种性格的弱点，那么不耐孤独就是一种灵魂的缺陷。越能独处的人，事实上越能与他人相处，因为能瞬间换位思考，更能设身处地为对方着想。

2021 年 11 月 30 日，我在海南东方市花梨谷负责康养期间，因自己平常心直口快，在与同事沟通过程中不注意方式方法，难免让个别同事不悦，思之再三，皆因性格所致。清晨起来我面向大海，观潮起潮落，如同生灵一呼一吸，天地宇宙何其之大，世间凡尘又何其之小，故写下《诗湘心经》，每日朗诵，以养生息！

诗湘心经

天塌之时有长汉

地球离谁照样转

阴晴圆缺不由人

事缓则圆要看淡

一切相遇都是缘
善缘珍惜记心间
恶缘只因前世欠
以德报怨莫道难

六根清净心不烦
八戒无欲修成仙
宜消凡尘俗世外
陶公笔下有桃园

海到无边天作岸
人到绝顶要登攀
人生一世谁来去
入世做事出世仙

从此以后，无论是在工作中还是在生活上，遇到一些问题或矛盾，我就能以一种平常心来对待，克服了自己以往情绪急躁的弊病，随之也收到一些意想不到的效果，真有一种事缓则圆、曲径通幽之感。

自嘲。“横眉冷对千夫指，俯首甘为孺子牛”（出自《自嘲》）。自嘲是一种境界，也是一种沟通方式，一种压力下的自我释放。然而，不是每个人都能懂得自嘲，其实在生活中越是自嘲的人越自信。在生活或工作中，当自己的好心被别人误解时，不妨自嘲道“我本将心向明月，无奈明月照沟渠”，当别人蔑视自己时，不妨自嘲“大千世界，我本就一粒尘埃，没有你想得那么重要”。当一个人能自嘲时，代表着有一定的心理承受能力和抗击打能力，这也是一个软技能，有时让人感觉是一种谦虚和谦卑，更容易让人接近和沟通，建立信任关系。

2021 年，我任天九集团拟上市主体监事会主席，因为工作性质不同，监督工作即使做得再艺术，也不可能像财务、人力资源部门等薪资福利部门那么受人欢迎，甚至还要面对一些不理解，工作中遇到不开心的事可谓是家常便饭。面对这样的工作处境，我只能以天九的事业为重，对那些不理解或误解,偶尔也用一种自嘲方式来排解心中的苦闷,8 月 30 日清晨写了一首《清晨对白》。

我本后山人，偶做堂前客，醉舞经阁半卷书，坐井论天阔；大志戏功名，看淡如烟云，海斗量福祸，贪嗔痴是过，论到囊中羞涩时，怒指乾坤错，人生谁来去，三问知几何？

“曾经沧海难为水，除却巫山不是云”（出自《离思五首·其四》)，我要做自己的观察者，随时提醒自己不要人云亦云；我要做自己心灵的主人，无论任何时候都要保持一颗祥和、喜悦的心态，让自己处于宁静的状态，让自己的内心更加坚强；我要做精神的开悟者，不让任何凡尘影响自己，即使是身处逆境，也要处变不惊、笑看风云。

“以出世之心做入世之事。”不管境遇如何，人应该有自己的信仰，仰不愧于天，俯不怍于地，凡事只求问心无愧即可心安。

真正有人格魅力的人，与生俱来就有与人交往的天性，无论对人对己、处世待人、举手投足与言谈行为都很自然得体，毫不费力便能获得他人的注意和喜爱。真正有人格魅力的人，所流露的一定是放之四海而皆准、全人类都认同的普世价值标准：真诚、善良、勤勉、正直、扬善弃恶，有深刻思想和学识才气。

以上所说的要点，需要在日常的生活中反复实践和培养，人格魅力存在于内心，是一种自然的、由内而外散发的魅力。

3. 修炼好“九度”

“九度”分别是：眼光的长度、胸怀的宽度、境界的高度、善良的温度、知识的幅度、诚信的厚度、待人的和度、内心的静度和精神的韧度。

人生成功的体积 = 眼光的长度 × 胸怀的宽度 × 境界的高度，而善良的温度、知识的幅度、诚信的厚度、待人的和度、内心的静度和精神的韧度，无疑会支撑人生成功的体积向着更高层次发展。

眼光的长度。“会当凌绝顶，一览众山小”（出自《望岳》）。站得高，才能看得远。一个人眼光的长远，不仅体现在对事物敏锐的洞察力，还是发现问题、分析问题和解决问题的前提条件，更决定了自己前行的方向。一个人要想求得长远的发展，必须要有长远的眼光，看不到的地方也一定走不到。无论是工作还是生活，免不了困难和挫折，免不了与他人的磕磕碰碰，免不了被他人误解，免不了辛酸与委屈，即使生活有诸多不容易，也要正确理解“从善如登，从恶如崩”（出自《国语·周语下》）的道理，向上走总会遇到阻力，需要付出很多努力；向下走很容易，但结果却是毁掉了自己。凡事要有“不畏浮云遮望眼”（出自《登飞来峰》）的眼光，不能只看眼前的利益和得失，那样就会使人“一叶障目，不见泰山”，陷入困惑之中。

胸怀的宽度。“海纳百川，有容乃大；壁立千仞，无欲则刚”（出自林则徐的一副自勉联）。一个人若心胸宽广，对任何事物都用一颗平常心去对待，即使生活简陋，屋里只有一张床，他依然觉得天地很宽，心怀感恩。正所谓“良田千顷不过一日三餐，广厦万间只睡卧榻三尺”（出自《增广贤文》）。《书·君陈》云：“有容德乃大。”人的德行要广大，要有像海一样的广阔胸怀。“唯有德者能以宽服民”（出自《子产论政宽猛》）。有了海纳百川的宽阔胸怀和气度，就能容天下难容之事，无所不容。王勃曾有“穷且益坚，不坠青云之志（出自《滕王阁序》）”的豪言壮语，诸葛亮也有“非淡泊无以明志，非宁静无以致远”的警句，儒家经典《礼记·大学》曰：“修身齐家治国平天下。”

一个人若心胸狭窄，即使拥有全世界，他仍然觉得得到太少，有诸多不满。人生在世，万事万物，总有差异，岂能尽如人意，不必刻意求得别人重视，也不要害怕被别人忽视。用一颗平常心，为自己而活，凡事做到但求无愧于心，不计较、不生气、不争高低、不与人结怨，尽其所能团结一切可以团结的力量，以助其自我成长。人生前进的道路上，要学会用一颗宽广的胸怀去容纳与包容，把诸多不悦、不尽人意之事，作为自身修炼的磨砺。

遇到高傲之人，要想到“虚心竹有低头叶，傲骨梅无仰面花”（出自郑板桥题《竹梅图》的对联），地低为海，人低为王。人有谦虚之德，就会赢得他人对自己的尊重。

争执之时要想到，争执是否能解决问题，是否能达成好的结果？如果暂时还不能解决问题，达不成好的结果，不妨先采取“忍一时风平浪静，退一步海阔天空”的做法，许多事忍一忍、笑一笑，别争吵；想一想，静思量，大家好；看得开，放得下，没烦恼。

遇到误解时，要心平气和与人解释，道明原委，若暂时不能消除误解，也不急于一时，要相信事实胜于雄辩，任何事情随着时间的推移，终将会水落石出、真相大白。从人生修炼与成长的角度来看，这些诸多不尽人意、遗憾之事，不正是提升自己人格魅力所必需的经历吗？从这个意义来讲，何尝不是生活中的另一种美呢？

心眼小的人，天地大不了，人生岁月，风风雨雨，若不能心宽似海，哪有人生风平浪静。人生最大的修养是包容，它既不是懦弱也不是忍让，而是察人之难、补人之短、扬人之长、谅人之过，而不会嫉人之才、鄙人之能、讽人之缺、责人之误。胸怀包容既是肯定自己也是承认他人，是一种善待生活、善待别人的态度，在宽广胸怀的背后，蕴含的是爱心和坚强，是博大的胸怀。

一个人只有不断修炼自己的胸怀，让胸怀宽广，才能更好地接纳万事万物，激发体内的正能量，将自己的情绪调整到最佳状态，充分发挥自己的情商，获得更广的人脉，赢得更多的朋友，得到众人的支持与帮助。佛语云："青山几度变黄山，世事纷飞总不干；眼内有尘三界窄，心头无事一床宽。"相由心生，境由心造，心若计较，处处都有怨言；心若放宽，时时都是春天。宋代的邵雍在他的《安乐窝中吟》中写道："美酒饮教微醉后，好花看到半开时。"美酒微醉处，好花半开时，留一分清醒、余一份期待才是人生最佳的享受，更是人生最高的境界。

境界的高度。一个人的思想境界，实际上指的是思想觉悟和精神修养的水平。在日常生活中，人们的思想觉悟和精神修养总是不一样的，但是作为社会的普遍价值取向，人们总希望自己是一个有较高思想觉悟和良好精神修养的人，以便体现自己在整个生活中的位置。

看一个人如何做事，就知道其境界的高低，特别是和利益有纠葛取舍的时候。世界分阴阳，境界分真假，高低有不同，清末民初鸿儒王国维在其著作《人间词话七则》里写道："古今之成大事业、大学问者，罔不经过三种之境界。"

第一种境界："昨夜西风凋碧树，独上高楼，望尽天涯路。"王国维认为做学问、成大事业者，要有执着的追求，登高望远，瞰察路径，明确目标与方向，了解事物的概貌。

第二种境界：“衣带渐宽终不悔，为伊消得人憔悴。”王国维认为凡成大事业、大学问者，都不会轻而易举、一蹴而就，必须要坚定不移，经过一番辛勤劳动，废寝忘食，孜孜以求，直至人瘦带宽也不后悔。

第三种境界：“众里寻他千百度，蓦然回首，那人却在灯火阑珊处。”王国维将此作为人生最高境界，他认为凡做学问、成大事业者，要达到第三境界，必须有专注的精神，反复追寻、研究，下足功夫，自然会豁然贯通、有所发现、有所发明，从必然走向自由。

以上所涉及的“境界”，主要指人所能达到的修为或程度，三种境界具有明显的递次而进的意义。王国维在《人间词话七则》中，还从其他角度对“境界”进行了划分，如“泪眼问花花不语，乱红飞过秋千去”“可堪孤馆闭春寒，杜鹃声里斜阳暮”的有我之境；“采菊东篱下，悠然见南山”“寒波澹澹起，白鸟悠悠下”的无我之境。有我之境，以我观物，故物我皆着我之色彩；无我之境，以物观物，故不知何者为我，何者为物。境界不仅有高低之分，也有大小之别，按照人对社会价值贡献与成就大小，不同层次的人，其境界各不相同，下面我们看一下四种不同层次的人的境界：伟人、能人、普通人、逐利人。

伟人的境界：通常来讲伟人具有远大理想和抱负。是所有人的典范和楷模，如我们耳熟能详的老子、庄子、孔孟等古圣先贤。他们都有一个特点，看通了世间的名利，只为理想而活，在具体事情上，为了一个更大群体和更远、更宏大的目标，会抛开和牺牲个人与局部利益，以其无私而使万民教化，各安其位，让秩序井然，使社会进步。

能人的境界：这种境界的人，有理想、有抱负，但他们有着自己的原则和标准，他们也具有人格魅力，也是众人的偶像，但是他们更贴近于现实生活，不会牺牲个人的底线而无私地奉献。

普通人的境界：这种人往往经济不富足，受到的教育较少，只能维护一般的人际关系，境界对于他们来讲非常空洞，他们认为生活的富足远远胜于理想。有一份稳定的工作、温饱的生活，远远比理想更实惠、更现实。

逐利人的境界：这种层次的人，一般是从普通人转化而来。他们习惯了不讲境界、只讲利益，久而久之，即便他们的经济状况脱离了生存状态，在逐利习惯已经养成的情况下，其境界很难有所提升，在日常生活中他们在观念上服从于主流价值观，这样既可以维护自己的面子，又可以在道义上站住脚。考验他们的试金石很简单，就是让他们面临境界和利益选择，最终他们都会选择利益。这种人往往被人们称会敏锐地察觉到世事的细微变化，调整自己的表象和行为，最终只为了自己的利益。

与伟人、能人讲境界和共事，有利于做好事、做成事，可以更好地促进自我成长与发展，取得更大的成就。与普通人讲境界和共事，用自己的言行去影响和感化，帮助他们提升自己的境界，增强社会的正能量，促进社会的发展与进步。与逐利人相处，要有防患于未然的思想，涉及利益之事，最好通过法律合同等方式进行确定和规范，防止其钻空子。同时也应本着助人即助己的思想，帮助他们提升境界，但要注意方式方法，在一些小利益上适当妥协，让其感化、使其自惭，当他良心发现时，至少可达到让其收敛的效果。

善良的温度。无声润物三春雨，有容厚德九冬暖。温暖就是舒适，温暖就是亲近，温暖就是认同，温暖就是被需要。人有悲欢离合，月有阴晴圆缺，人生前行的路上，离不开人与人之间的相扶相伴，而人与人之间最需要且最值得珍惜的莫过于温暖。相见时一个亲切的眼神、一个甜蜜的微笑，离别时一句美好的祝愿与珍重，失意时一句发自内心的鼓励，成功时一句由衷的赞美与肯定，无不让人感到温暖。

温暖，来自圣洁的心灵，来自汇聚心灵的善良与大爱，传递给他人就会使人感到无比的温暖。心中有了善良的种子，凡事就会心怀善意、与人为善、从善如流、善待万物，一个善良的人，为人和善，纯良而温厚，是本性自然而然的显露，也是人格魅力从内向外的渗透，其温厚时时体现在温和的面容上、厚道的言行上、关心他人的态度上。

与人相处，要多看他人的长处、多想别人的好处、多帮别人的难处，让人感受春天般的温暖；与朋友相处，要胸怀坦荡，平等对待，不厚此薄彼，对朋友正确的行为给予支持，对错误的行为要真言相劝，让人感到真诚；与领导相处，要与领导同心同德，当好领导的帮手，全力以赴办好领导交办的事情，让领导感到放心，无论是在工作中还是在生活上，对领导都要尊重，给领导留下良好的印象，让领导感到自己是一个值得栽培的人；与家人相处，要以和为贵，不涉及原则性问题，大可不必一板一眼较真，更没必要发生争吵，要努力营造良好的家庭氛围；与长辈相处，要懂得孝敬和乖巧，正所谓“百善孝为先”，一个人善与不善、值不值得交往，只要看他对长辈的态度便知；对待子女和晚辈，要心怀慈爱，要用正确的方法耐心教导，要用自身的模范行动去影响对方，正所谓“身教重于言教”。

知识的幅度。胸藏文墨虚若谷，腹有诗书气自华。一个人一生要想有所成就，就得有承担更大责任的能力，一个人承担责任能力的大小也决定了人生成就的大小。我们所说的能力，是一个人发现问题、分析问题、解决问题的综合素质，这种综合素质只能来自不断地学习与实践，正所谓在学习中成长、在实践中探索、在理论中升华，靠的是不断吸取他人创造出来的精神财富与智慧，这些精神财富与智慧往往以各种知识形式表现出来，知识是力量的来源，知识是使人不断成长的养料，一个人离开了学习，缺乏对事物认识和判断的基本能力，其做事的质量与效果就会大打折扣，甚至一事无成。

一个人要想提升自己的综合素质，就必须加强学习，不断改造自己，用科学的思想武装自己的头脑，在知识的学习和传播上，要做到“勤、悟、传”。所谓“勤”，就是要做到眼勤多看，口勤多读，手勤多记，脑勤多思，腿勤多行。所谓“悟”，就是在学习中多思考，将所学到的知识运用到日常工作和生活之中，通过实践进一步加深对知识的理解和运用，在取其精华、去其糟粕的基础上，从不同角度加以运用，进一步领会其精髓，在实践中融会贯通，使自己的知识结构系统化，并逐步形成自己的理论体系，这样面对工作和生活所遇到的问题时才能做到游刃有余、进退自如。所谓“传”，就是在形成自己的理论体系基础上，将悟出的真知灼见反哺于他人与社会，在造福他人与社会的同时体现生命的价值。一个人倘若能将自己平生所学传授于他人与社会，无疑会大大增强其人格魅力。

诚信的厚度。《论语》中说：“人而无信，不知其可也。”一个人如果不讲信用，就无法在人世间立足。班固在《白虎通义·情性》中则说：“信者，诚也。专一不移也。”一个人讲信用，是他内心诚实的表现。换句话说，信就是诚，诚就是信，说的都是真实无欺，做的都是诚实可信，这就叫“诚信”。

诚信，是一个人最起码的品格和行为，是人生的第二个“身份证”，是立人之本、交友之基、经商之魂。所谓诚信，就是在待人处事上真诚、老实、讲信誉，要做到“言必信、行必果”。大千世界，人们之所以讨厌甚至远离那些不讲诚信的人，是因为那些失信之人往往会为了自己的利益损人利己，甚至是不择手段，这样的人最终伤害的不仅仅是自己，在追逐个人的私欲过程中会给更多人带去伤害。既然诚信成了人们日常行为的准则，作为对人格魅力的修炼，我们就更应该在日常工作和生活中坚守诚信，做到一言九鼎、一诺千金。切不可为了眼前的利益做出背信弃义之事，而毁了自己的未来。

待人的和度。“良言一句三冬暖，恶语伤人六月寒”（出自《增广贤文》）。

所谓随和，就是平易近人、一视同仁、随顺众意。在人际交往中，做到随和且有亲和力，对营造和谐友好的氛围十分重要，也是人格魅力的一种体现。

一个平易近人的人，对人是和蔼可亲的，没有架子，使人容易接近，即使身为领导也会有效消除与下属之间的距离感，得到下属的拥戴。团队凝聚力、战斗力、向心力的打造，离不开和谐友好的氛围，没有人会在恶语相加中获得愉悦的心情，也没有人在争执不休中迸发出闪光的智慧。一个随和的人，往往也是一个能够顺随众意的人，能够在工作和生活中做到胸怀坦荡、一视同仁。一个随和的人，必然是一个不固执己见、不傲慢的人，也是一个谦和之人，更是一个有亲和力的人。

所谓亲和力，狭义概念是指一个人或一个组织在所在群体心目中的亲近感，广义概念则是指一个人或一个组织能够对所在群体施加的影响力。亲和力源于人对人的认同和尊重，很多时候，亲和力所表达的不是人与人之间的物理距离的远近，而是心灵上的通达与投合，是一种基于平等待人的相互利益转换的基础。真实的亲和力，以善良的情怀和博爱的心胸为依托，是一种发自内心的特殊禀赋和素养。

有亲和力的人，有利于建立人与人之间信任的桥梁，有利于消除交流的难度，促进人与人之间的沟通和交流。提升自身的亲和力，是为建立良好的人际关系，有助于自身的成长，有助于营造和谐友好的团队氛围。加强亲和力的培养，可从以下几方面着手：一要尊重别人。俗话说："种瓜得瓜，种豆得豆。"把这条朴素哲理运用到社会交往中，只要处处尊重别人，往往别人也会尊重自己。二要乐于助人。人是需要关怀和帮助的，尤其要珍惜自己在困境中得到的关怀和帮助，把它看成"雪中送炭"，视帮助者为真正的朋友、最好的朋友。帮助别人不一定是物质上的帮助，简单的举手之劳或关怀的话语也能让别人感动。三要心存感恩。人与人的关系很微妙，对于别人的好意或帮助，如果自己感受不到或者冷漠处之，便会因此产生种种怨恨。常怀感恩之心的人，会使人际关系更加和谐。情感的纽带因有了感激，才会更加坚韧；友谊之树有了感激的滋养，才会枝繁叶茂。“善人者，人亦善之”（出自《管子·霸形》）。

内心的静度。心闲临水知鱼乐，晓起入林寻鸟声。心中有宁静，才能见水而乐，闻鸟鸣而开心，宁静而致远。一个人只要内心宁静，便能充分释放自身的潜能，思维敏捷，才思涌现，大大提高办事效率，取得好的成绩。内心的宁静，来自以下几个方面。

一是担当。一个有担当的人，在对待工作和事业时，常有精益求精和锐意进取的精神，在这种精神的驱使下，表现出来的是对责任的担当，正所谓“仰不愧于天，俯不怍于人”（出自《孟子·尽心上》），一个人只要有担当，尽到角色责任，则能坦坦荡荡做人，问心无愧。

二是看淡。人生一世，草木一春，功名利禄、权高富贵，其诱惑力不可谓不大，但在追逐的过程中，又有多少失意与沉沦，又有多少灾难与厄运。西方哲人蒙田曾告诫我们：“人生最艰难之学，莫过于懂得自自然然过好这一生。”不被名所累，不被利所诱，不被权所困，才能自然而然过好一生，“名、利、权”对于每一个人来讲，是一个必须面对的艰深课题，不可过分强求，但也不能无动于衷。“世上本无常照月，天边还有再来春。”人生无常、世事难料，有得意，有失意，有顺境，有逆流，可谓悲喜交织、苦乐参半。要学会看淡，让心灵回归自然、回归宁静，才能拥有人生最宝贵的财富——健康的身心。面对世间种种诱惑，我们更应加强内心的修炼，我在自家“清心亭”上撰写了四句对联，与大家共勉：“看得开高屋建瓴观古今，想得通海纳百川阔胸襟，拿得起中流砥柱为仁臣，放得下功名利禄如烟云。”人生就是这样，既丰富多彩，又变化无常，要用一颗平常心来看淡那些本不应太在意的身外之物，才能理解“不争就是慈悲，不辩就是智慧，不闻就是清净，不看就是自在，原谅就是解脱，知足就是放下”蕴含的人生哲理，才能做到“笑看风云淡，坐看云起时”。

三是知足。“事能知足心常惬，人到无求品自高”（出自《阅微草堂笔记》）。“不如意事常八九，可与语人无二三”（出自《别子才司令》）。当自己遇到困难时，要想到那些比自己更困难的人；当自己不富裕时，要想到那些贫困落后地区还未脱贫的民众；当自己处于逆境时，要想到那些成大器者曾经遭受的磨难。一个真正幸福的人，往往不是得到的多，而是计较的少。内心平和恬淡，不追名逐利，就要有一个知足常乐的心态，减去不切实际的欲望。

“淡饭粗茶有真味，明窗净几是安居”（出自《陋室铭》）。“心中无缺为富，人生有求为贵”，人生在世要正确对待成败得失。“嚼得菜根百事可做。”一个人若能每日静下心来仰望长天，观云听雨，笑迎秋月春风，就能达到豁达潇洒的精神境界，知足而乐。诸葛亮《诫子书》中说：“夫君子之行，静以修身，俭以养德。非淡泊无以明志，非宁静无以致远。”一个有人格魅力的人，总是在身心安宁中完成他的修养，在无欲无求中养成他的美德，在心灵的宁静中抵达胸怀的广大和境界的超拔。

2022 年 9 月 26 日，在四川志舍居举办的第八期天九通航卢家湾志舍文化公务机商务休闲之旅复盘会上，为激励工作人员更加高质量地搞好活动、为企业家提供更有价值的服务，同时也有效疏导工作人员紧张的工作情绪，我以“四有、八境”为题，激励大家通过自身努力工作而开创幸福美好生活。

四有内容包括以下四类。

昼有诗词：生活不只眼前这些苟且，还有诗与远方。人永远要有梦想，即使身陷最低的境遇，也要活出最高的境界。美食养胃，快乐养心，诗词养神！

夜有欢歌：人生短暂，愁也一天，乐也一天，何不看淡放下，开心快乐一生，你也喜欢，她也喜欢。“有花堪折直需折，莫待无花空折枝”（出自唐代佚名的《杂诗》)。世上没有后悔的事，只有后悔的人。人活一生唯“用心做事，良心做人”是正道。

朝有晨光：永远活在希望之中，像太阳一样光芒万丈，照亮自己，也照亮世界。

晚有夕阳：让心灵停靠在温暖的港湾，尽情享受一天的耕耘与成就，品味人间一切之美好，让内心祥和安静。

八境：心之所向，境之所在。

净：心无杂念尘不染。

径：曲径通幽别洞天。

静：宁静致远意深邃。

敬：敬天爱人修成仙。

镜：见贤思齐莫轻狂。

竞：物竞天择须自强。

境：大鹏展翅恨天低。

茎：一茎九穗心向阳。

精神的韧度。面对五彩缤纷的世界，面对形形色色的人，面对生活的压力与社会责任，生命不息，奋斗不止。生活的酸甜苦辣、人生的喜怒哀乐需要随时去面对，杨绛说：“岁月静好是片刻，一地鸡毛是日常，即使世界偶尔薄凉，内心也要繁花似锦，浅浅喜、静静爱着，深深懂得、淡淡释怀，望远处的是风景，看近处的才是人生，唯愿此生，岁月无恙；只言温暖，不语悲伤！”一年四季有春暖花开，也有落花流水，有付出的汗水，也有欣喜的泪水，经过岁月沧桑的淬炼，再困难、再挫折，即使处于人生最低谷，在内心深处也要让希望生长，这是最美、最强大的力量！

陶渊明:“心中若有桃花源，何处不是水云间？”希望是心中的一粒种子，只要扎根于心，就会有极其强大的力量，干枯的心田就会得到春雨般的滋养。经验是过去成功的总结，教训是未来成功的希望，所以生活再艰难，只要心中有希望，就仍有选择，一切皆有可能；只要心中有希望，就会让低谷者迎来柳暗花明，让不幸者战胜困难，让自卑者增添信心；只要心中有希望，就会让善良者更加美丽，让幸运者更加珍惜，让聪明者更加智慧。一个人战胜困难的力量与所取得成就的大小，都源于心中对未来的希望，所以在任何时候都要让心中的希望之灯常亮，在逆境中看到希望，在困境中看到光明，在风险中发现机遇，在平凡中成就伟大。

4. 领导干部人格魅力的修炼

领导干部要想获得对他人的感召力、影响力，其个人魅力是最重要的前提之一，有人格魅力的领导在团队中是一种无形的力量，在工作和生活中表现出对群众的吸引力、凝聚力和感召力，进而形成领导干部和群众之间的和谐关系，是一种用权力难以达到的、被群众心悦诚服地拥护和信任的影响力。领导干部人格魅力既是领导干部自身的隐形素养，又是其为官为政受用终身的宝贵财富。因此，作为领导干部，更应该注重自身人格魅力的修炼，并自觉在自我发现、自我改造和自我超越中完善和成熟。

领导干部人格魅力的修炼，在于修炼其信念、品德和忠诚。而这些，都可集中显现在为公为私的态度上。不论是古人的大道之行、天下为公，还是今天社会倡导的无私奉献，以及助人为乐、先公后私，讲的都是高尚的人格。为人正派、高风亮节是领导干部的必备素质，也是成就事业的重要基础。领导干部只要在处理纷纭复杂的事务时出于公心，能够一碗水端平，就能够化解许多矛盾，也必然会得到群众的拥戴，并能使自己的人格魅力焕发出强大的凝聚力、向心力和感召力，推动各项工作顺利向前，促进社会的和谐与发展。

领导干部人格魅力的修炼，在于修炼其廉洁奉公、自警自律、正气长存。这就要求领导干部在行动上坚持做到“吾日三省吾身”（出自《论语·学而》）；在思想上实现“见贤思齐焉，见不贤而内自省也”（出自《论语·里仁》）。只有这样，才能有效抵御各种腐蚀和诱惑，才能在取得成绩时不得意忘形、保持清醒的头脑，才能始终不忘初心，做到公正廉洁——不贪，开拓创新——不庸，在群众中树立起威望。正所谓“公生明，廉生威”（出自《官箴》），只有做到了“公”和“廉”，才能在人格上产生出强大的魅力。

2015 年，我任客户管理中心总经理兼员工销售撞单仲裁，一名员工因客户撞单，在他看来我会做出不利于他的裁决，因为撞单的另一名员工是公司高管的亲戚，在通过调查之后，我按照公司的规定做出了公正的裁决，这名员工为了感谢我，便送来茶叶等礼品，我当时就谢绝了，不料这名员工误认为可能是礼送得太轻了，故第二次又把礼品与红包放在办公室里，并留言表示感谢，我回到办公室后，当即给他的直接领导讲明了道理，裁单工作旨在维护每个员工的合法利益，调动大家工作的积极性，作为撞单仲裁者，更应该尊重每个员工的合法劳动成果，裁决部门的公信力是用多少钱都得不到的，如果我收下这些礼品，就会在利益的诱惑下做出不公正裁决，作为仲裁者只有按照公司的制度客观公正妥善处理这些问题，才能赢得大家的信任，才能让大家心无旁骛地将精力投入业务之中，取得好的成绩，促进公司的发展。我让其领导协助我做好员工解释工作，同时让助理将其所送之物归还，不知从何时起我便获得了一个“铁面判官”的称号。

领导干部人格魅力的修炼，在于修炼其勤俭朴实、恪尽职守。有成绩而不廉洁的领导不是好领导，廉洁而没有成绩的领导也不是好领导。领导干部如果在工作上敬业奉献、恪尽职守，为组织建功立业，为社会创造福祉，就会得到群众的拥戴。碌碌无为、不思进取，不但会丧失人格魅力，而且会失去做领导干部的意义。

领导干部人格魅力的修炼，在于修炼其广博的胸襟。领导艺术，说到底是用人艺术，领导要当好伯乐，善于发现人才和培养人才，充分发挥人才的长处，才能集优成势、集木成林；要坚持任人唯贤，公平、公开选拔人才，充分调动人才的积极性，不任人唯亲，不冷落人才，促进人才队伍的建设。

领导干部人格魅力的修炼，在于修炼其博学广通、真抓实干的本领。作为领导干部，要想引领下属取得辉煌业绩，不但要有过硬的业务能力，还要修炼高瞻远瞩的战略思想，推动各项工作始终沿着正确的方向前进。只有博学，才能广通，才能在具体工作中把群众的意见、建议和智慧上升为理性认识，使决策更符合客观现实并赢得群众的信任和支持，进而在决策实施过程中产生强大的感召力，推动各项工作落到实处。

无论是个人还是领导，自强、自律、自信、自省、自谦、自处、自嘲，长度、宽度、高度、温度、幅度、厚度、和度、静度、韧度，以及公、廉、勤、学、境，都在于内心的修炼，让自己的内心在真善美的滋养下变得坚韧与强大，在日常生活与工作中做到用减法的方式为自己减轻心理负担，才能让自己不卑不亢心从容，不攀不比心淡然，不怒不嗔心随和，不艾不怨心坦然。山有山的高度，水有水的深度，风有风的自由，云有云的温柔，你认为快乐的就去寻找，你认为值得的就去守候，你认为幸福的就去珍惜，不必太在乎别人的看法，不必盲目追求一些不切实际的东西，做最真实、最朴实的自己，依心而行，方能无憾今生。

第十章

读好书、做好人、干好事

人从呱呱落地到寿终正寝，都是赤条条地来，但并非每个人都能做到无牵无挂地走。生命的路上，我们一边拥有，一边失去；一边选择，一边放弃。无论你拥有多少财富，无论你官居何位，最有意义和价值的事情，在于生命是否绽放出了应有的色彩，一个人从少年立志，至中年立业，再到老年立言，一生中无非是一个从成长到成熟，再从成熟到成功，继而从成功到成就的过程，在这个过程中，我们要做好三件事，那就是读好书、做好人、干好事，才能彰显出生命的价值。

一、读好书

对于帅气的男士和美丽的女士而言，无疑受益于父母遗传，先天英俊的帅与天生丽质的美，让人悦目娱心；而人生的另一种美——潇洒娇艳，是需要靠自己修炼才能获得的，“书中自有黄金屋，书中自有颜如玉”（出自《励学篇》），人生最亮丽的美还数读书人，潇洒优雅中透出淡淡的书香，自内而外散发出迷人的魅力，让人心驰神往。

第一个问题应当读什么样的书？我觉得不仅要读有字书，更要读无字书。有字书教给我们的是知识，解决的是如何做事，称之为术；无字书教给我们的是人品，解决的是如何做人，称之为道。我觉得良师益友就是一本无字书，远有古圣先贤，近有身边的榜样，无论是读有字书，还是读无字书，归根到底解决的问题是做一个什么样的人，也即在科学的人生观、辩证的世界观、正确的价值观指引下，做一个有益于家庭、有益于社会、有益于天下的人。

第二个问题应当怎样读书？用嘴读书，仅能提升我们的说话能力；用眼看书，仅能多识几字而已；唯有用心读书，才能读懂书、会其意。如果仅用眼读书，那叫假读书，只有用心读书，才叫真读书。

周恩来从小志高，12岁就立下“为中华之崛起而读书”的誓言，1911年年底，周恩来在沈阳东关模范学校上学，这一天，魏校长亲自为学生上修身课，题目是“立命”，当时正是中国社会发出剧烈变动的时期，孙中山领导的辛亥革命刚刚推翻了清政府，结束了中国两千年的封建统治。很多人思想困惑，特别是年轻人没有明确的理想追求，没有人生奋斗的目标，魏校长讲“立命”，就是给学生讲怎样立志，魏校长讲到精彩处突然停顿下来，向学生提出一个问题：“请问为什么读书？”教室里静静的，没有一个学生回答。“如果没有人回答，我就一个个问了！”魏校长走下讲台，指着前排一个同学说：“你为什么读书？”这个学生站起来挺着胸脯说：“为光耀门楣而读书，也就是为了光宗耀祖。”魏校长又问第二个学生，回答是：为了明礼而读书。第三个被问的学生是一个靴铺掌柜的儿子，他很认真地回答说：“我是为我爸而读书的。”同学们听了哄堂大笑。魏校长对这些回答都不满意，摇了摇头走到周恩来面前，问道：“你是为什么而读书？”周恩来在学生中威信很高，在以前不久，辛亥革命刚刚成功，他在同学们中第一个剪掉了长长的辫子，这是很不简单的一件事，因为满清政府规定，所有汉人男子都必须像满族人一样留长辫子，以表示忠于朝廷，不留辫子就要杀头。周恩来是第一个剪掉辫子的学生，所以，大家都很佩服他。周恩来站起身来，教室里静悄悄的，大家都在等待他的回答，周恩来非常郑重地回答道：“为中华之崛起而读书！”“为中华之崛起而读书！”回答的多好啊！一句话，表达了周恩来从小立志振兴中华的伟大志向。魏校长没有想到，竟然有这样出众的学生，他非常高兴，示意让周恩来坐下，然后对大家说：“有志者，当效周生啊！”

一个人心中有了事业、理想，就知道了自己肩负的责任，有了责任，就有了压力和动力，随之才会有行动，学为什么？学以致用这个词，对于大家来说并不陌生，光说不练假把式，如果学不致用，为什么还要去读书呢？那不成了掩耳盗铃的形式主义么？一个真正的读书人，就会下定决心克服自己浅尝则止的问题，做一个把书读透、把事想明白的人，以身边的模范为榜样，做到“吾日三省吾身”，最大限度去提升自己，身处信息时代，知识更新日新月异，一个人只有学到老，才能活到老，否则就会成为一个活死人。

第三个问题自己怎样成为一本书？“万般皆下品，唯有读书高”（出自《神童诗》），没有一个读书人不知道这两句话，而这两句话也很有争议，所谓“横看成岭侧成峰，远近高低各不同”（出自《题西林壁》），世界上没有十全十美，大多数美基本都有缺陷。历史著名的四大美女：“回眸一笑百媚生，六宫粉黛无颜色”（出自《长恨歌》）的杨贵妃，却因体态过于丰满而显胖；王昭君虽有“落雁”之容，却长了一双大脚；西施虽有“沉鱼”之美，却还需要饰物来完美天生的一对又圆又小的耳朵；有“闭月”之貌的绝代佳丽貂蝉脖子上却留有一条细痕，还有腋臭。我们看一个人、看一件事，不能拿绝对完美的标准来要求，我想在几千年封建王朝统治时期，读书人不考取功名，不入仕途，又怎能为社会做更多更有价值的事，虽然光宗耀祖、荣华富贵有利己思想，如果一个人完全没有欲望，便丧失了动力，谁还出来做事，所以无欲则刚也具有两面性，而问题是作为个人，从读懂书、悟透书、用活书到自己成为一本书，也是人生的一大课题。史家绝唱《史记》的作者司马迁，继父志、任史官，在李陵事件中因直言而受腐刑，面对最残酷的刑罚，司马迁痛苦到了极点，但他此时没有怨恨，也没有害怕，他只有一个信念，那就是一定要活下去，一定要把《史记》写完，在《史记》的写作过程中他力求真实、爱憎分明，本着对历史负责、对社会负责的态度，最终完成了史家绝唱《史记》。

人生要有锐意进取的精神，凡大成功者，都是大磨难者，面对自己的理想和事业，每一个人没有理由停止不前，没有理由沾沾自喜，没有理由得过且过。“当他回首往事的时候，他不会因为虚度年华而悔恨，也不会因为碌碌无为而羞愧”（出自《钢铁是怎样炼成的》）。时光、年华是宝贵的，当我们回首往事时，能有一种别样的情怀，这种别样的情怀难道不宝贵吗？今天的学习，是为了更好地成长，乃至成就将来。

二、做好人

第一个问题做一个什么样的人。“大千世界，芸芸众生”（出自《景德传灯录》），“人上一百，种种色色”（出自《汉口指南·成语汇编》）。就其能力而言，有能人、庸人之分；就其品德而言，有君子、小人之别；就其功德而言，有圣人、小民之区；就其行动而言，有勤奋和懒惰之差……那么我们应当做一个什么样的人？应当做一个向善、向上之人，向善是做人的方向，确保自己做一个与人为善之人，有了善才有爱，才能与人和谐相处，大家都这样，社会才和谐，人类才和平；向上是力量，有了做人的方向，即有了目标，能否达到目标,还要靠身体力行。如果用一个坐标来划分,那些有才无德之人，最善于损人利己，最渴望以权谋私，最长于阿谀奉承，这是最危险的一类人，也是人们最痛恨的一类人。一个单位无论管理制度多么严谨，一旦任用了品德有瑕疵的人,就像组织中的深水炸弹,随时可能引爆。试想,在一个企业里，有人天天动脑筋挖企业的墙角，这样的人能用吗？试想，一个非常有能力而人品有问题的人，不是能力越大而反作用越大吗？那些有德无才的人，只能是小打小闹，成事不足，败事有余，在工作上、生活中无主见、无创新、无力量，整日昏庸，盲目跟随，这类人虽然比有才无德之人的危害小得多，但在一个团队中这样的人多了，就会导致效能低下，业绩平平，这样的人成不了栋梁，堪不了大任；而那些无才无德之人，更是昏庸，只有那些不断向善、向上之人，才能担当起“天下兴旺、匹夫有责”（出自《日知录》）的重任，才能成为圣贤之人，才能造福于人，只有这样有担当的贤能之人，才能给更多的人带来幸福。

第二个问题怎样做人。“酒逢知己千杯少，话不投机半句多”（出自《春日西湖谢法曹韵》）。看来，不是什么样的人在一起都会有愉悦、有好感的，所谓“道不同不相为谋，志不同不相为友”（出自《论语·卫灵公》）。与那些志不同、道不合者相聚，越是人多的时候，越是感到寂寞，这是为什么呢？有一句谚语：“千金易得，知己难逢”“千里马常有，而伯乐不常有”（出自《马说》）。由此可见，是人的问题，我们应当做一个什么样的人，已从第一个问题中得知，那么剩下的问题就是怎样做一个向善、向上的人，我认为要做到以下几个方面，即十多十少。

1. 多看长处，少看短处

带着欣赏的眼光看待别人的长处和优点，这样更容易接纳他人；不要总盯着别人的短处，这样既不利于打造健康的人际关系，也不利于自己的成长。

2. 多想好处，少斤斤计较

当遇到对方言行使自己受到委屈时，自己应多想他人往日对自己的好，学会用包容与宽容的心态去谅解或理解他人，对于非原则性问题，尽可能少计较，以此不断开阔自己的胸怀与境界。

3. 多帮难处，少袖手旁观

生活中每个人都会遇到难处，“一个篱笆三个桩，一个好汉三个帮”（出自《古今贤文》）。团结就是力量，再大的困难也可以克服。帮助别人，很多时候对自己而言，可能是举手之劳，对他人而言可能是至关重要，一个人只要养成了助人为乐的习惯，当自己有了困难时，同样也会得到他人的帮助，正所谓方便他人就是方便自己。

4. 多照镜子，少出乱子

“夫以铜为镜，可以正衣冠；以史为镜，可以知兴替；以人为镜，可以明得失”（出自《旧唐书·魏徵传》）。一个人应当经常照一下镜子，“人非圣贤，孰能无过；知错即改，善莫大焉”（出自《左传》）。一个人身上的缺点，即使别人不说，问题仍然在那里，一个人要勇于自我批评，面对自己的缺点和问题不要掩耳盗铃，只有勇于解剖自己，才能知耻而后勇，明白了这样的道理，还有什么不能正视的呢？还有什么缺点不能改正呢？只有诚心诚意接受并改正缺点的人，才能赢得他人的尊重。

5. “多拉袖子，少跌跤子”

每个人都会犯错误，有的是主观的，更多的是无意的，当我们发现别人犯错时，“拉一拉袖子”，善意的提醒。在一个组织中我们常见到一些“老好人”，在思想深处不愿意坚持原则，总是怕得罪人，凡事当前情面第一，所谓的一团和气，置原则于不顾，说到底心中还是打自己的“小算盘”，任何一项伟大的事业，都离不开不同意见，一个集体都成了老好人，又何谈事业，特别是管理者，不敢严格管理，要么是把自己的私利看得太重，要么是自己有问题、有不光彩的把柄握在别人的手中，要么是发现问题后怕麻烦，不愿意从有助于他人成长的角度去做深入细致的工作。无论是哪种情况，都偏离了完善人格、自我实现的方向，如果是这样，又何谈幸福？做人应当光明磊落、一身正气。若作为一名管理者，首先要把自己管好，才有资格去管别人，“有道之君，行法修制，先民服也”（出自《管子，法法篇》）。一个团队风气不正，一个领导不能管理好团队，问题的根源大多在于领导，群众只不过是上行下效而已，“其身正，不令而行；其身不正，虽令不从”（出自《论语·子路》）。对于管理者而言，能够做到身先士卒，用自己的人格魅力去影响他人，久而久之便可达到无为而治的境界，实现政令畅通、政绩突出，谁说这不是管理者的幸事呢！

6. “多掏心窝子，少结梁子”

管理工作中出现的问题很多来自沟通不畅或不能进行有效的沟通，要做好沟通工作，第一要以真心换真心，不要讲一些虚情假意的话，有问题说问题，有困难说困难，有成绩说成绩，有方法说方法，旁推侧引、含混不清，看似高明，实则误人，无论是人际关系，还是工作，最有效的方法就是真心感人。在人们的情感生活中，一两真诚胜过一吨黄金，上下级之间貌合神离，又怎能做到同心同德，又怎能形成意志共同体、利益共同体、风险共同体？民心如水，“水可载舟亦可覆舟”（出自《荀子·王制》）。所谓“得民心者得天下，失民心者失天下”（出自《孟子·离娄上》）。关于沟通，一个组织应该从机制建设上下功夫，建立定期沟通机制，要对那些不愿意与下属沟通的领导亮红灯，对那些懒政者亮红灯，中层管理者每个月至少要与基层员工及基层管理者进行一次谈心活动，高层管理者每两个月至少要与中层管理者进行一次谈心活动，高层管理者之间至少每季度与直接下级进行一次谈心活动，在谈心活动中要了解直接下级在想什么，有什么困惑，有哪些事情需要帮助，再给予当面开导与指导，最终做到四个一致："即指导行为的核心价值观一致，判断问题的是非标准一致,未来共同实现的目标一致,实现目标的行动一致。"这样不仅可将一个组织的人文关怀落到实处，而且无形中密切了管理者与群众的关系，增强了组织的凝聚力，提升了管理者的影响力，避免了组织中过分机械强调"汇报工作说结果，请示工作说方案"带来的唐突；同时通过上级对下级的指导，使下属得到更好的成长，为组织的发展起到培养人才的作用。

7. "多顺里子，少讲面子"

形式与内容谁更重要，说到底内容决定形式。要做一个好人，首先应成为一名唯物辩证主义者，要用辩证的思想去观察问题、分析问题、解决问题。形式主义害死人，一个组织小的时候，形式主义生存的空间和破坏性是有限的，组织发展了，人多了，形式主义生存的空间和破坏性则不容小觑，客观上机构臃肿容易滋生形式主义，管理不力容易导致人浮于事。说到底是责任体系的问题,一个组织无论抱负有多远大,战略多清晰,都需要每个人抓落实，强化组织的执行力，才能将各项工作落实到实处，才能保持正确的前进方向。这时候组织就要"多顺里子,少讲面子"。任何时候真的假不了,假的也真不了，什么话、什么事都要经得起时间的考验，不要图一时好看，也不要刻意贪图虚名，一个组织，任何时候只有下大力气夯实基础，才能做到"任凭风浪起，稳坐钓鱼台"（出自《江雪》）。

8. "多挑担子，少争位子"

担子的背后是责任，责任的背后是德才，一个人只有多挑担子，才能体现人生价值。一个人一方面要努力学习，不断提升自己的思想境界，树立主动为组织为领导分忧的思想，另一方面要不断提升自己的业务能力，面对工作才能做到举重若轻。我们要最大限度地承担更大的责任，既是事业的需要，也是自我价值实现的需要，在职位上不必看得太重，要正确对待职位的升降，职位越高责任越大，作为组织在建设和发展过程中，在分工与人才的使用上，当然要按照权责对等的原则，除建立有效用人机制外，还要合理授权，做到疑人不用，用人不疑，要给下级压担子、教方法、要结果，这样才能培养出更多的人才，这也是干好工作的基础，每一个人要在自己的岗位上，切切实实干一些实事，拿出政绩来让人信服，如果做不到此，位子越高越危险，自己也越难受，所以位子的背后是责任和政绩。

9. “多动脑子，少绕弯子”

万事有因果，有矛就有盾，一事当前要多动脑子，多问几个为什么，当问到山穷水尽时，则可柳暗花明。办法总比困难多，是建立在周密细致思考之上的，遇事不思考，很难找到有效解决问题的方法，稀里糊涂去干，结果一定很糟糕。思考问题时，要学会多角度和逆向推敲，找到适合的方法，尽可能优化解决方案，避免绕弯路，这样才能提高工作效率和绩效。

10. “多当孝子，少做孽子”

百善孝为先，在家尽孝，为国尽忠，一个人若对父母不孝，就是品德低下，越有能力，就越危险，没有能力充其量是一个次品，没有道德就是危险品，所以一个人值不值得重托，不仅看工作能力如何，更重要的是看品德如何。从另外一个角度来看，不孝父母之人，必有不孝子孙，在家庭这个小团体内，如果恶性循环，就可能酿成老无所依的悲剧。“老吾老，以及人之老；幼吾幼，以及人之幼”（出自《孟子·梁惠王上》）。所以尽孝，不仅是为长辈着想，也是为自己晚年着想。

2016年春节，我回到四川省苍溪县唤马镇老家，与母亲团聚。春节期间母亲再次向我提出想在老家盖房的想法，我一直认为生活在城市里，无论是购物，还是社会公共服务，都是地处偏远老家无法相比的，所以我一直没答应母亲多次提在老家建房的事，无非是想证明自己一生辛勤养育的后代没有辜负于人。春节期间我再次问母亲：“您是真的想回农村住吗？城市那么方便，何必回老家呢？”母亲说：“我的年纪逐渐大了，世人都说落叶归根，我想回到老家安享晚年。”我明白母亲真实的想法后，过完春节便着手在老家修盖房屋，在房子即将竣工之际，我想起父母一生为我们操劳，没有过上多少好日子，父亲又很早离世，心中有一种“子欲养而亲不待”（出自《汉·韩婴·韩诗外传》）的遗憾，加之父母一生对家中老人的孝敬是有口皆碑的，为报答父母的养育之恩，也为了喜迎母亲70岁生日，期盼天下儿女对父辈孝敬，所以，我就将新盖的宅子取名“孝苑”（见图10-1），作为母亲70岁生日的特别礼物，并在红漆铜钮大门的两侧亲笔撰书对联，上联是：齐家治国平天下万事责为本，下联是：孝亲爱人济苍生百善孝为先，横批：孝苑。母亲70岁生日那天，家里来了很多亲朋好友与邻里乡亲，场面非常热闹，当我将“孝苑”照片与长寿红包作为生日礼物送给母亲的时候，母亲当着众人说：“虽然年轻时为了这个家吃了不少苦，但是现在看来一切都是值得的，因为，我的儿子、儿媳不仅有出息，而且还继承了优良家风，对我这般孝敬，我真的很幸福！”

【忠义堂】大门两侧是我撰写的对联，上联：忠心耿耿效古圣先贤兴家国，下联：义薄云天仿仁人志士得人心，横批：忠义成仁（见图10-2）。

图 10-1 孝苑

图 10-2 忠义堂

孝苑里的“清心亭”（见图 10-3）好不惬意，我在清心亭四根柱子上撰写了四句话：想得通海纳百川阔胸襟，看得开高屋建瓴观古今，拿得起中流砥柱为仁臣，放得下功名利禄如烟云。这四句话一直激励着我不断加强内心宁静的修炼。

图 10-3 清心亭

孝苑里室外活动区（见图 10-4），我撰写文化墙楹联：厚德载物修身性，自强不息兴华夏。

图 10-4　室外活动区

孝苑，远离都市的喧嚣与躁动，母亲在这里过着“采菊东篱下，悠然见南山”（出自《饮酒（其五）》）的田园生活，自孝苑建成后，我也时常回去，茶余饭后，在桃李园或是下棋，或是玩扑克，真有一番“好友三五人，品茶绿荫下，功名随风去，惬意心中留”的韵味（见图 10-5）。

图 10-5 桃李园

第三个问题怎样做一个好人。人到底为什么活着，是为衣食住行吗？这仅是生理的需要；是为功名利禄吗？自古就有“钱财如粪土，仁义值千金”（出自《增广贤文》）之说。凡有志之士，对功名都有一个正确的理解——立功要立千秋功，留名要留万代名。人活着除了这些，生命本身的意义是什么？其核心价值在于创造与奉献，一个人只有主动去爱别人，才会得到别人对自己的爱，一个人只有坚持奉献，才能得到更多的收获。

1. 做一个敢于承担责任的人

一个人有多种社会角色，每一种角色做得好不好，说到底是所对应的责任是否尽到。教书育人、桃李满天下是老师的责任，品学兼优是做学生的责任，带领下属实现团队的目标是管理者的责任，恪尽职守、按质按量、按时完成上级交给的任务是下属的责任，言传身教用自己的人格魅力去影响和带动他人是领导的责任，同心同德追随领导为共同的事业而努力工作是员工的责任……每个人只要尽到自己的责任，无论多大的团队，都会像一台精密的机器，协调高效地运转，否则，只要某一个部位出现问题，这个团队将会出现不和谐的声音。一个善于承担责任的人，才可以值得信赖和交往。

2. 做一个忠于事业的人

就忠诚而言有忠于人、忠于事、忠于组织之分，也有真忠和假忠之别。具体来讲，在一个团队要做到忠于人并不难，特别是忠于自己的直接上级更容易做到，因为直接上级直接掌管着自己的切身利益，若能获得直接领导的好感，在某种程度上自己就会多一些升迁的机会和发展的机遇，也会兼顾到自己的薪资增长；但要做到忠于下属，就不容易了，因为下属不可能给到上级所能给予的东西，一个能忠于下属的人，就是对下属成长认真负责的人，更能体现出一个人的道德情操，也只有那些一心为公，将他人成长放在心上的人，才可能对下属发自内心的忠。

忠于事、忠于组织者，就会尽职尽责，时刻把自己的职责放在心上，“不以物喜，不以己悲”（出自《岳阳楼记》），全力以赴做好自己的工作，承担本职岗位所赋予的责任，把工作的成就感作为自己幸福的重要内容；一旦工作中出现失误，就会感到自责和不安，继而主动承认错误、汲取教训、制订改进措施，力争将功补过，争取好的成绩。忠于事、忠于组织者，总会千方百计想办法把事做正确、做出好结果，自己遇到不懂不会的问题，就会虚心向他人请教，积极探索有效的工作方法来提高工作绩效；在工作作风上不搞形式主义，心甘情愿一步一个脚印，脚踏实地做好自己的工作，本着求真务实的态度，按质按量按时完成上级交给的任务，一个团队中这样的人多了，麻烦的事情就少了，工作就很容易见成效，事业的发展也就更顺利。

2001 年，我入职天九第二年，公司在经营管理中遇到一些瓶颈，面对困境，卢俊卿总裁向全员发出“千金买错”的通知，号召全员指出他在工作中存在的问题，当时我作为一名部门经理，发现公司经营不善的问题之一是由于卢总倡导的情感管理，使公司的日常管理，不能严格按照规章制度进行，造成人浮于事的现象，当时我便以匿名方式向卢总提出，卢总看后，欣然认同，事后也通过总裁办整理并公布。当时公司正陷入困难之中，我的工资每月不到 2000 元，说实话，当时的 1000 元奖励，对于我来讲还是很有吸引力的，但考虑到公司的发展更需要钱，我至今也未领取“千元奖金”，在天九像我这样忠诚于天九事业的同事比比皆是，这也是天九 30 余年长足发展的秘诀。最后我又以另一种方式，将“千金买错，无人问金”刊登在天九内部刊物《天九周刊》上，鼓励更多的天九人默默无闻地做天九事业的忠诚者。

“千金”买错，无人问“金”

2000 年天九在探索发展的道路上，受到了较为严重的挫折，企业家孵化器初试便遇到诸多瓶颈，整个公司财务状况日益恶化，为了能及早走出困境，卢总在认真分析原因、总结教训的同时，十分坦诚地向公司广大员工“千金买错”。当时公司下发了这样一个通知：凡本公司员工通过书面方式指出卢总本人工作中的失误或错误者，均给予1000元奖励(《天九周刊》2000年8月11日)。

通知下发后，卢总收到了来自不同方面、不同角度对公司在经营管理方面存在的问题，以及意见和建议。有的比较委婉、有的比较含蓄、有的比较尖锐，其中有这样一条针对卢总的意见："在管理上不能宽严相济"，意见里讲道：看得出您在管理上坚信的一点就是施恩于人，人将以感恩相报。这种管理方法正是您情感管理的重要部分，应该说这也是您博得众人称赞的人格魅力之所在。因此，天九聚合了很多优秀人才，使得大家追随于您。但问题的关键在于该严的时候不严，一味地宽容个别人的过失和错误，损伤了大部分人的积极性和正义感，这样无形中降低了纪律、规定的严肃性，影响了制度的贯彻落实。部分高层管理人员也加以效仿，形成了人人唱"红脸"，不愿当"包公"，这样就造成了管理缺乏力度，奖惩不明，纪律松弛。在管理中遇事不想得罪人，不按原则而采取宽容态度便草草处之的大有人在。要杜绝此类问题的发生，就要严格实行责任制，凡所属单位或个人出了问题，直接领导要承担相应责任，对当事人严格按规定惩罚，即使当事人所受处罚较重，也要严格执行，当然事后可采取领导谈心等其他方法做通当事人的工作。换言之，纪律的严肃性必须维护，一个集体除了靠先进的理念影响人心外，要达到令行禁止，协调一致，离开了行为规范是绝对不行的。这条意见卢总看到后做了批示：所指出的错误属实，且切中要害，我当努力改之。由此我想起了成都武侯祠里一幅关于诸葛亮的对联："能攻心则反侧自消，从古知兵非好战；不审势即宽严皆误，后来治蜀要深思"(出自"攻心联")。请按承诺重奖1000元(《天九周刊》2000年8月25日)。

时间过去了一周、两周、一个月、二个月、一年、两年，至今这

1000 元奖金也没有人认领。在一次偶然的机会，我有幸与这位提意见者谈论到这个话题，他告诉我意见是他提的。我说意见提得很好，得到了卢总的认可，也很庆幸的是公司在卢总广纳良言后出现了一些转机，当我问他那 1000 元奖金时，他告诉我："人无完人，金无足赤，卢总这么多年经历了多少风风雨雨的洗礼，经受了多少困难的考验，其艰辛程度可想而知，带领我们能成就今天这样一番事业，来之不易啊！在公司发展受到挫折的时候，他仍能以积极的心态，认真负责、坦诚相见的态度恳求大家指出他的错误，并且认可我提出的意见，使工作得到了改进。眼下公司的发展出现了一些转机，我感到很欣慰，1000 元奖金对我来说差不多是一个月的工资，却无法与意见本身所起到的作用相提并论，人非圣贤，卢总能认识自己未意识到的问题，能给天九带来一个美好的未来，这就是对每一个天九人的最大奖励。"这位同仁给我讲的故事令我难忘，他时刻激励着我努力地工作，为天九的发展而全力以赴。

天九人演绎着天九的发展史，在不远的将来，当天九以世界名牌、一流企业的身份走向世界，人们在努力寻求天九发展秘诀的时候，他们将被天九人演绎的发展史而折服，也许他们会认为这就是天九成功的秘诀。《把信送给加西亚》，故事的主人公安德鲁·罗文成功了，他成了人们心目中敬佩的英雄，但曾经帮助过罗文送信的人是英雄吗？除了罗文，还有人能记住他们的名字吗? 天九故事的主人翁是一位与我十分要好的朋友，为了表示对他的尊敬，按照他的要求，我将一直替他保守这个秘密，不将他的姓名公之于众。无疑那些因提出建议、意见而得到"千金"的人是值得大家学习的榜样，但是故事里的主人翁，我却对他尤为敬佩。因为我们的事业离不开这样默默无闻、无私奉献的无名英雄！

今天我讲的这段故事结束了，但天九人为了实现美好的未来，那精彩而又感人的故事才刚刚拉开序幕……

3. 做一个公平正直的人

“天地之间有杆秤，那秤砣是老百姓，称杆子呀挑江山，你就是那定盘的星”（出自歌曲《清官谣》）。历来公平正直代表着人间浩然正气，为什么说做人难，难就难在利益面前能否做到公平正直，不徇私舞弊，在社会大环境中，能经得起诱惑、耐得住寂寞、守得住清贫的人实属难能可贵，但要做到公平正直，敢于坚持原则，不怕失去既得利益，更是难能可贵。一个有影响力的人，其公平正直是其中最重要的因素，作为个人特别是管理者，要想通过自身的人格魅力去影响到更多的人，让追随者从心底里敬佩自己，首先要做到公平正直。

4. 做一个善于发现问题的人

事事用心、处处留心、时时虚心、常常尽心，问题自然就会被发现，正所谓“天下无难事，只怕有心人”（出自《韩夫人题红记·花阴私祝》）。在事业的发展过程中，事态不断变化，时时刻刻都会遇到新情况、新问题，需要我们去发现、去解决。眼中没有活，实质上是心中没有事业，对组织发展和未来漠不关心的人，自然眼中不会有问题，看什么都正常，心安理得；在一个组织中我们也常会发现一些人经常为了事业的发展，食无味、睡不安，他们总是把组织的命运与自己的命运联系在一起，“先天下之忧而忧，后天下之乐而乐”（出自《岳阳楼记》）。心中随时揣着问题，思考着解决办法，一个组织这样的人多了，事情的落实就有了保障，事业的发展就有了保障。

5. 做一个敢于解决问题的人

发现问题是水平，解决问题是能力，更是责任与担当。工作中很多时候不是缺乏解决问题的能力，而是缺乏敢于担当的态度，毕竟解决问题要做艰苦细致的工作，没有高度的使命感和责任感，就不可能去主动解决问题。在实际工作中，个别人受“多一事不如少一事”（出自《老残游记》）消极思想的影响，抱着各人自扫门前雪的态度，对问题视而不见、绕道而行，唯恐惹上麻烦，这种人虽可避一时，却很难避一世，危难之处显身手，解决的问题多了，自己的能力也就随之而提升，能力提升了，机会也会随之而来，从长远看，一个敢于解决问题的人，一定是有前途的人。世事洞明皆学问，得与失在整体上是平衡的，一时落得清闲者，终究迎来忙碌时，人生怎样去把握，不言自明是与非。

6. 做一个甘愿吃苦而勤奋的人

“好雨知时节”（出自《春夜喜雨》），人勤春来早。一个甘愿吃苦而勤奋的人，一定是值得培养的人，所谓知易行难，有很多事情，并非人们不明白其中的道理与利弊，最关键的是缺乏持之以恒的行动，吃苦耐劳是中华民族的传统美德，“历览前贤国与家，成由勤俭破由奢”（出自《咏史二首·其二》），一个缺乏行动力的人，终归是两手空空。在生活中人们总是保持着对幸福的追求、对欢乐的渴望，但又有多少人总是保持着对行动的执着，与其说一个人的幸福不够多，还不如说自己的行动不够坚决，“欲先取之，必先与予”（出自《道德经》），与其临渊羡鱼，不如退而结网，只有行动，才会有结果。

7. 做一个能拿出好结果的人

人存于世，从维持生计，到价值实现，无非是一个创造的过程，创造得多，自己就过得富足，创造得少，自己就过得清贫。不要埋怨不公平，真正的原因是自己不够强大，拿不出好结果，又怎能得到好结果。凡是能拿出好结果的人，也必将得到好的结果。工作就是自我价值实现最好的平台，在这个平台上创造的价值越大，就越会得到他人和社会的认同，认同的人多了，说明自己被社会需求度越高，被需求度越高，其社会价值也就越大，凡事都应该有一种“工匠”精神，要对自己的产品负责任，不仅要让他人欣赏自己的产品，还要自己感到欣慰，拿出好结果是做人做事应尽的本分。

8. 做一个有良知的人

人在做，天在看，天是什么？天就是我们自己的良知。天九提出的“为善去恶、完善人格，发挥潜能、自我实现”幸福人生理论，其中为善去恶、完善人格，最重要的就是要做到两个坚守，即坚守良知、坚守底线。坚守良知，就是做人做事要讲天理良心，不做伤天害理的事。始终让自己做一个充满正能量的人，相由心生，境随心转，一个人内心善良、仁慈宽厚，内心就充满正能量，人生命运的改变靠的是自己的正能量，厚德才能载物。员工薪酬是客户发的，领导的薪酬是员工发的，所以，我们要把客户服务做到感动，对员工辛勤工作要表达感谢，对员工的成长要进行关注，做到这一点，公司才能够持续地发展，各级待遇才有保障，这不是什么高风亮节，是做人的良知，理应如此，如果做不到这一点，是不是会于心不安，心中不安，常生烦闷，又何谈宁静致远，又何言快乐幸福。

2020 年春节后上班的第一天，面对新冠肺炎疫情突袭而至，我意识到公司的业务会面临新的困难，为鼓励天九全员以崭新的面貌投入工作，我以“沁园春·天九”为题，向集团内部刊物《天九人》投稿，全文如下。

沁园春·天九

2020如约而至，一元初始、万象更新，在新年的第一天，我对已经度过29个春秋的天九，对一直孜孜不倦、砥砺前行的天九人，更加充满信心，更加豪情满怀，祝天下所有的奋斗者新年快乐，幸福安康！

2025实现天九梦——公司市值名列全球前列，这一宏伟目标，不是天九人要贪图荣华富贵，也不是天九人要过上骄逸奢侈的生活，而是为了更好地实现自天九创建之初就有的梦想，那就是天九领路人卢俊卿早在2000年公开明志所说的那样："天九最大的理想就是创建一个庞大的企业加速器，源源不断地为国家、为民族、为社会造就企业和企业家。"除此，天九最大的初心莫过于将幸福文化传播世界，让更多的人因天九而幸福，中非希望工程、国内精准扶贫、俊卿助学基金、感恩家乡义诊工程……无不流露出天九人对幸福的追求。

天九梦的实现需要全体天九人上下一心、奋勇拼搏，才能实现，卢俊卿讲："每一个不曾奋斗的日子，都是对生命的辜负"也道出了天九人的奋斗精神。

幸福是美好的感受，是令人向往的生活，之所以有这样大的魅力，之所以天九致力于人们始终追求的目标——幸福，正是秉承了以人为本的思想，《幸福企业才是最好的企业》《幸福城市才是最好的城市》、天九四六工作制、天九终身员工制、天九每年实施的几十件幸福实事，无不倾注了天九领路人卢俊卿的心血，无不绽放着天九幸福文化的活力。

"凭君莫话封侯事，一将功成万骨枯"（出自《己亥岁二首·僖宗广明元年》），商场如战场，天九每一位同仁，始终牢记使命，兢兢业业，以客户为中心，无论严寒酷暑、冷暖人情、逆境顺境，都一如既往坚守在自己的岗位，为办好每一场活动，为考察好每一个项目，为服务好每一位客户，我们很多同仁常年穿梭于国内各大城市、奔波于国际航线之间。虽多了些风雨兼程，少了些节假日，多了些深夜伏案，少了些花前月下，但风雨之后那道美丽的彩虹才是最美丽、最感动的自己，我每天被这种奋斗精神、敬业精神、幸福文化指引下产生的无穷正能量所感动，时值新年，展望天九欣欣向荣的事业，我们更加激情满怀、意气风发，受广大天九同仁之激励，特赋《沁园春·天九》一词与天九同仁共勉，在新的一年只争朝夕加油干，不负韶华勇向前，实现新突破、获得新成长、取得新成就！

沁园春·天九

民族企业，世界天九，幸福领跑。
观古今中外，大志大成，大舍大得，成功奥妙。
共创共建，共享共赢，顺势而为是正道。
人为本，唯幸福文化，独领风骚。
事业如此美好，引四海贤能竞赴邀。
蚂蚁变大象，商海智慧，全球联盟，伟略雄韬。
中非慈善，精准扶贫，大爱无疆真英豪。
永精进，商海竞风流，看我新高。

天九的发展正是天九有了自身的优秀企业文化，熏陶培养了大批有良知的员工，才使天九在困难面前愈挫愈勇，迎难而上，始终为企业的发展提供强有力的平台服务。

三、干好事

第一个问题什么是“事”。

事即所有事件的统称，根据不同层次又分为事情，事务、事业。读好书是提升自我素质，增强办事能力，做好人是塑造高尚的人格，把握好人生的方向，而做好事，则是读好书、做好人的落脚点，一个人的价值只能通过做好事情才能得到充分的体现，否则，学问再高、人品再好，只要没有认真行动，最终将一事无成。

第二个问题如何干事。

1. 要有认真负责的精神

“取乎其上，得乎其中；取乎其中，得乎其下；取乎其下，则无所得矣”（语出《孙子兵法》）。同样一件事情，不同的人、不同的标准和要求，其结果大相径庭，要做好一件事情，干出一番事业，首先要具有认真负责的精神，认真负责就是对正在做的事情的结果负责，如果缺乏了这一点，凡事都可以得过且过，就不可能有一个理想的结果，任何理想的结果都是建立在奉献付出和勤奋敬业的基础上的，在做事的过程中，要克服自我的惰性，就必须提高自我认识,身处职场之中,我们要分清职业与事业的差别,从社会学角度来看，职业是劳动者获得的社会角色，劳动者为社会承担一定的义务和责任，并获得相应报酬；而事业则是人们所从事的，具有一定目标、规模和系统的对社会发展有影响的经营活动。当你能够将工作当成事业来做的时候，很自然地就会把全部的精力和注意力都投入到工作上，不仅自身的潜能得到了激发，工作能力得到提升，工作时整个人的心理体验也会感到轻松自在。同时，在工作中遇到困难的时候，也会倾向于通过深入的思考来解决问题，而不是拖延时间，等待上级来解决。在寻找解决方案的过程中，无论是工作成绩，还是工作能力和水平也相应地得到了充分的展示。能够把工作当作事业来做的人，首先就具备了认真负责的精神，就会在工作中做到事事关心，专注做事，就会勤奋敬业，热爱团队，这样不仅会耐得住工作的辛苦，而且还会以苦为乐，享受工作带来的快乐。

2. 要有三思而后行的习惯

“思所以危则安矣,思所以乱则治矣,思所以亡则存矣”（出自《新唐书·列传·卷二十二》)。一个人要做好事，首先要对所做的事情进行周密细致的思考，思考有可能产生风险的根本原因，事前加以控制和预防，就可以做到安然无忧；思考有可能产生混乱的根本原因，采取相应措施解决，就可以使问题得到解决。“举所美，必观其所终；废所恶，必计其所穷”（出自《管子·版法》)。但凡一个事业有成的人，都有良好的思考习惯，都会把问题和困难想在前面，并拿出自己的应对办法，并在实施过程中不断加以修正，最终才会得出想要的结果。“凡事预则立，不预则废”（出自《礼记·中庸》)。对成就事业来讲，对未来进行谋划和思考，尤为重要，在实际工作中我们要避免那种车至山前必有路的消极思想，要做到未雨绸缪，尽可能减少不必要的损失和失败。

3. 要有喜欢做事的态度

任何结果都来自意愿与行动的积累，即：意愿 × 行动 = 结果，一个人要做成一件事或成就一番事业，只有意愿和行动这两个要素同时为有效数时方能成事，这两个要素不是简单的相加，而是相乘的关系，其中任何一个要素为零时，其结果都是零，而这两个要素中，最容易受到随性影响的是做事的意愿，在一定的情况下，做事的意愿比能力更重要，即使一个人的能力小一些，但只要有强烈做事的意愿，其能力也会随之而提升；相反一个再有才华的人，只要缺乏做事的意愿，最后也会因为惰性让自己的才华失色，寒号鸟的故事人人皆知，《明日歌》也不陌生，这其中的道理大家也非常清楚。人们无时无刻不在追求自己的幸福，而幸福来自哪里？正如歌中所唱到的那样：她在辛勤的汗水里，她在闪光的智慧里……幸福人生的三个标准由低到高分别是：物质有保障、情感有寄托、精神有追求，可以看出最高层次的幸福在于追求目标实现的成就感、成长进步的愉悦感、受人尊敬的自豪感。而这三感中追求目标实现的成就感是基础，有了工作的成就，一个人才有可能得到成长进步，继而才会受人尊重。这些所有的基础都来自强烈的做事意愿。

4. 要有团队合作精神

发挥团队力量必须具备合作精神。山林树木有高低，每个人都有自己的长处和短板，具备了合作精神，每个人就可以充分发挥自己的长处，用他人的长处来弥补自己的短板，这样就可以放大单个力量的总和；如果缺乏团队精神，凡事只能从本位主义出发，就必然会影响到他人长处的发挥，就不可能形成合力。团队精神最核心的是要每个人都要有牺牲奉献精神和合作共赢理念，只有乐于奉献者，才能赢得他人的信任与帮助，随着社会科技不断进步，社会分工越来越细，人与人之间的合作也越来越显得重要，选择合作就等于选择发展。

第三个问题如何干好事。

1. 价值导向，永远做最重要的事情

按照工作的重要程度和紧急程度，我们可以将工作分四类：第一类重要且紧急，第二类重要不紧急，第三类紧急但不重要，第四类既不紧急也不重要，众多工作中我们应当按照什么标准确定做事的先后顺序，那就是按照各项工作价值的大小和紧急程度来确定，列清单、排优先、抓重点，无疑是一种高效工作法，时时做那些必须尽快去做且最有价值的工作，坚持这样去做可有效降低重要工作的紧急程度，防止紧急工作上升为重要工作，否则，就会发生顾此失彼的现象，只有这样，才能使有限的时间发挥最大的价值。

2. 方法制胜，办法总比困难多

方法是通向成功的桥梁，凡事都有因果关系，我们要学会通过现象看本质，找到问题的核心因素，拿出有针对性的解决方案，才有可能有效地解决问题，在此介绍几种发现问题和解决问题的方法。

历史对照法：以史为镜可以明兴衰，历史的成功者和失败者其背后都有根源，他们的成功与失败，都为我们做人做事指明了方向。想做一个成功者，就要学习成功人士的成功经验，汲取失败者的教训，随时拿自己与这些历史人物进行比较，反省自己做人的方向和做事的方法，就会使自己

不断地健康成长。“疑今者，察之古；不知来者，视之往”（出自《管子·形势解》）。

纵横对比法：根据个人、团队在一个组织中所处的位置，自上而下形成工作品质纵坐标，同级之间、部门之间形成工作协同满意度横坐标，在工作中可以通过纵坐标来对照我们的工作品质，工作是否高质高效，不是用自己的标准来衡量，而是将标准锁定在上级。如果你目前的工作质量和效率，是上级想要的，那就符合标准；通过横坐标可以衡量同级之间、部门之间的协作是否愉快，工作中我们不仅要强调质量和效率，作为组织内的每一个成员，最基本的是在干好本职工作的同时，当好协同者，在协同中做到不邀功、不诿过、主动补位、主动承担责任，是提高工作协同满意度的基础，使所有与你共事的人感到愉悦，愿意与你再次共事，达到这样的标准和层次，一般来讲，我们工作的品质和协同满意度就会处于一个良好的状态。

回顾总结法：不同的工作阶段，工作侧重点有所不同，对工作所采取的具体方法也有所不同。对已经完成的工作，当时所采取的战略战术是否正确，当我们回顾工作时，今天成功的因素有哪些？哪些方面还需要改进？很容易得出结论。今天认为需要改进的方面，当时为什么没有想到，甚至是当时有人提出了正确的主张，而未采纳，这样对于过去工作中存在的问题就会很容易发现，这对于我们今后在工作中遇到类似的问题，会起到很好的借鉴作用，更加明智地去面对未来，做正确的事，用正确的方法将事做正确。

流程梳理法：每项工作从计划到执行，从执行到考核总结都有其科学的流程，流程是否科学直接关系到绩效的高低。如果洗茶杯需要 2 分钟，将茶叶放在茶杯需要 1 分钟，将水烧开需要 5 分钟，泡茶需要 2 分钟，喝上茶水的时间是 10 分钟，这样的工作流程就谈不上科学，只不过是机械地做着某件事情而已；如果喝上茶水的时间是 7 分钟，说明你是一个用心做事的人，注重工作的统筹计划，工作流程比较科学；如果在 7 分钟喝上茶水，并欣赏着优雅的音乐，说明你是一个富有创新精神、以服务价值为导向的人，在满足当前需求的同时，还在创造附加价值，那么这种服务能够赢得顾客对你的信任和依赖，长此以往，顾客光临你的茶店，便在情理之中。我们不难看出工作绩效的高低，与我们工作流程的关系十分密切，每个岗位、每项工作原有的工作流程，经过一定时期，因为环境和条件的变化，总有值得改进的地方，从工作流程的梳理中会发现很多有潜力而需要改进的问题。

综合分析法：通过对问题的发现和解决，可以从中看出个人职业素质的高低；通过对工作岗位的负责和敬业程度以及服务过程中的价值取向，可以看出个人职业精神状态；通过对规章制度的遵守，可以看出个人的职业规则意识。当我们从中发现问题时，应根据不同的情况采取相应的方法，对那些有高尚的职业精神和遵守职业规则的同事，要加强他们职业技能的培养，不断提高其职业技能，使他们更好更快地成长；对职业精神不强和职业规则意识淡薄的，要加强团队文化的教育和职业规则的学习，培养其成为符合组织价值观要求的人才；对那些职业精神差、职业规则意识淡薄的自负者，要坚决进行淘汰，在此分析过程中，我们要针对不同的情况，分别进行处理，能力缺乏的要提升能力，心态消极的要进行激励，愿意积极改变的，要努力创造条件让其改变。

群众评议法：当局者迷，旁观者清。一个人总是在不断弥补自己短板的过程中得到成长，当我们的成长遇到瓶颈和停滞时，说明自己有一些问题或短板没有被发现，此时可以向我们所服务的对象，如上级、下级、客户，通过咨询、调查问卷、征求意见等方式对自己的工作存在的问题进行查找，通过各种情况的分类汇总，便可从中查找出问题，并针对存在的问题制定改进措施。

职责对照法：每一个岗位，都有其特有的职责。职责不分大小，只问需求，每一个岗位，都应将自己的职责纳入组织需要的角度去度量，如果你所做的事情，偏离了组织的需要，那么组织这台高速运转的“机器”，就会不正常，从这个角度来看，工作中存在的问题，就显而易见了。

换位思考法：一个人对什么感到满意，客户的需求是什么，他想得到什么样的服务，他不喜欢什么样的服务，如果我们能够换位思考，心里就会很清楚。同理心法则告诉我们，做事情不仅要站在自己的角度去看，更重要的是你所服务的对象，从服务工作来讲，满足客户的需求是基本层次，在普世价值观下，正确引导客户需求、为客户创造需求，并让客户感动，这才是服务工作的最高境界。

学习检查法：人生的时间和精力都是相对有限的，一事当前应不应该做、怎样做，每个人都有自己的见解。在信息时代，知识更新日新月异，做正确的事，用正确的方法将事做正确，这是每个人的心愿，但面对未知的领域，我们难免会做错一些事情，走一些弯路。做什么样的事才算是正确的事，怎样做才能将事情做正确，除了学习，别无他法。关于学习，我们可以向书本学习，也可以向上级领导和同事学习，也可以向行业领先者学习，还可以向竞争对手学习。通过向他们学习，才能发现自己在工作中存在的问题和差距，继而全面掌握本职岗位所具备的能力，才能将事情做得有深度，才能成为本行业的专家。

3. 专注目标，目标是成功的起点

凡事有了目标，才有计划和行动措施，即使在执行过程中出现了各种各样的困难，自己也会为了目标去想办法。一个人没有强烈的目标意识，在遇到困难的时候，就会轻易改变目标或放弃目标，打井不在于数量多少，而在于有多少口井出水。

4. 逆向思维，奇正结合

凡事都要从系统的角度去进行思考，对诸因素从时间、空间、对象进行立体思考，并进行正向和反向推演，找出核心要素，制定相应策略，才能使问题得到解决。任何事情并非是正反两个方面，还有非此即彼的其他因素，只要我们打开思维空间，就能找到更多的解决方案。

美国有一间生产牙膏的公司，产品优良，包装精美，深受广大消费者的喜爱。记录显示，前十年每年的营业增长率为10% ~ 20%，不过，进入第十一年，在之后的三年业绩则停滞下来，每个月维持同样的数字。董事部对此感到不满，便召开全公司经理高层会议，以商讨对策。会议中，有名年轻的经理站起来，扬了扬手中的一张纸对董事部说："我有个建议，若您要使用我的建议，必须另付我5万元。"总裁听了很生气说："我每个月都支付你薪水，另有红包奖励。现在叫你来开会讨论，你还要另外要求5万元。是否过分？"年轻的经理解释说："总裁先生，请别误会。若我的建议行不通，您可以将它丢弃，一分钱也不必付。""好！"总裁接过那张纸后，阅毕，马上签了一张5万元支票给这位年轻经理。那张纸上只写了一句话：将现有的牙膏开口扩大1mm。总裁马上下令更换新的包装，试想，每天早上，每个消费者多用1mm的牙膏，每天牙膏的消费量将多出多少倍呢？这个决定，使该公司第十四年的营业额增加了32%，一个小小的改变，往往会产生意料不到的效果。

知识的价值在于运用，知识就像原材料，而智慧则是将知识系统化运用所产生的结果，事物的运动与变化是永恒的，所以创新则无处不在，凡有利于推动事物达成预期结果，推动社会向前发展的新思想、新理念、新办法，都会呈现出新成果。

这些年我在工作中，遇到新的问题时，就会运用自己总结的创新法去解决遇到的问题，其实创新就是善于打破固有的思维模式与现有条件的束缚，将影响结果的所有要素罗列出来，包括已有或可能存在的要素，将这些要素按照重要程度、影响力大小、时间、空间进行排列并重新组合，形成若干新的解决方案，然后在这些方案中，再找出最优的解决方案，这样问题便可迎刃而解。在本书所谈到的创新，也证实了我所提倡的观点的可行性，也正是在这样的思想指导下，我在 2016 年天九集团全员创新大赛中，荣获集团创新大赛年度亚军，有效地推动了公司的管理与业务工作，为公司的进一步发展做出了自己的贡献。

5. 领导要用好权、用好人

任何组织的兴衰与领导有着密切的关系。没有一个领导不想出成绩，而成绩的取得是一个组织齐心协力努力的结果，而任何一个组织中的成员无论是在思想认知上，还是在品德修养上，或是在办事能力与主观意愿上都存在差异，作为领导如何用好权、用好人、分好钱，是每个领导都无法回避的问题。

用好权：领导最大的优势就是手中的权力，领导要善于用手中的权力平衡组织内部关系，才能保持组织的稳定，才能凝聚力量去达成组织目标。一是要学会集权。即要谋之于众，领导在决策之前要与众人商议，征求众人意见，决策之后也要公之于众，与众人达成共识，增强工作的执行力。二是要学会分权。作为领导职务越高，权力也就越大，对应的责任也就越大，面对大量的事务，领导总不能事必躬亲，这不仅不利于调动下属的主观能动性、创造性，促进他们的成长，形成组织力量，更不利于自己集中精力处理最有价值的事。领导要学会分权，尽可能将事务分配给下属去做，建立科学的奖惩机制，自己重在统筹谋划与考核，按照事前、事中、事后，将重心放在两头，事中过程分权给下属去管理与落实，定期听取汇报并给予指导，最后做到客观公正考核、按功行赏，这样更有利于自己把握组织正确的发展方向。三是要学会授权。对下属授权要明确职责，要逐级授权，千万不能越级授权，同时，领导者授权后要勇于承担被授权后的责任。

用好人：一个高明的领导者必然是一个善于开发人力资源的大师，将组织内的人才用好，才能将人力资源转化为资本。要知人善用，关于老好人，他们会处事、人缘好，善于跟上下级人员搞好关系，是组织内部的润滑剂，可让他们去做服务性工作，不要让他们去唱黑脸，这样更有利于他们长处的发挥。关于保守型人员，他们主要从事一些常规性工作，不能让他去做一些前瞻性和创新性的工作，因为他们对于新鲜事物缺乏敏感性，在行动方面会犹豫、迟缓，失去抢先的时机。关于足智多谋的聪明人，一般情况下他们极难驾驭，可让他们根据各种可能的情况，拟定多套方案来供领导者选择，充当智囊和参谋的角色，不让他们参与具体的决策过程。关于勇于冒险的人，勇士是组织内部的稀缺资源，这类人正确的使用方法，就是只让他冲锋陷阵打头阵，不让他参与具体的策略拟定。每个人都有不足和长处，只要我们善于分清不同类型的人员，并充分使用其长处，做到扬长避短，自然就会达到大将手里无弃材了。以下督上，监督问题一直是组织的大问题，群众的眼睛是雪亮的，用下级来监督上级。越是高明的领导，越是精通人性，他可以让人才的潜能得到充分的释放，推动企业不断向前发展。

后记

一个篱笆三个桩，众人拾柴火焰高。天时、地利、人和是一个人取得成就、拥有幸福的基础；加强自身学习，充分认知自然规律，做到顺势而为，充分利用人脉资源，得到众人的帮助，是取得成就的关键；这些都需要有正确的三观引导自己，并用正确的方法去适应社会的发展，才能事半功倍。一个人再能干，离开了众人的帮助与支持，终将一事无成。

此书创作历经十年，可谓十年一剑，本人在创作过程中得到天九共享集团董事局、天九共享集团联席总裁文齐国老师的精心指导与谆谆教诲。天九共享集团董事局董事、控股集团联席总裁、创新委员会主任、品牌经营委员会主任徐浩然先生，营销路演实战专家、原天九共享集团资深副总裁匡洪学先生，天九共享集团董事局主席高级助理、创新委员会秘书长金振业，天九共享集团传播服务部总监宋豪贤均予以大力支持，在此一并表示最真诚的感谢！

我要感谢天九共享集团以卢俊卿主席为核心的董事局以及各位领导对我长期以来的培养与关怀。天九自 1991 年创办以来，一直把做“好事、走正道、谋幸福”作为企业的核心价值观，把卢俊卿主席“向善、向上”的家训作为天九的司训，把“大志大成，小志小成，无志不成；大舍大得，小舍小得，不舍不得”的志舍文化，作为企业经营管理之智慧，天九共享集团在企业经营管理过程中把“加一”文化发挥到淋漓尽致，在这样的文化背景下，天九共享集团赢得了30余年的长足发展，也正是以卢俊卿主席为核心的领导集体为广大天九人营造了催人奋进、只争朝夕的成长环境，才使得我在企业发展过程中不断成长进步。在此，我要向全体可爱的天九人说一声谢谢，谢谢你们一直以来的帮助与支持。

我要感谢勤劳善良的父母：仲兴尧、李兴琼。父亲一生正直不阿、重情重义，在能力与责任本不匹配的情况下，表现出了超人的担当。记得1979年婆婆去世时，面对300余元安葬费借款，在父亲同怀中，我家也算是相对贫困，父亲见其他同怀面带难色，也深知各家不易，便以一己之力承担了所有费用，正是父亲这种责任与担当，给少年时代的我留下人生最宝贵的精神财富。今年父亲已去世26周年，我也到了父亲去世时的年龄，我缅怀父亲也感恩父母对我的养育之恩!

我要感谢各位亲朋好友长期以来对我的关爱，如大舅李兴富、叔父仲兴顺、仲兴全、岳父卢次元、岳母李碧英、大哥卢吕生、二哥卢俊卿、内弟李忠和、妻子卢百玲、妹妹仲诗华，战友杨帮国、李贵清、任永登、童明钟、王波、周德辉、许成德、邵文茂、李海宾、何朝阳、魏品军、农占国、甘开军、乔成平、李文华、朱小平、李微、杨全体等战友对我的帮助，以及在部队服役期间李根发团长、史军胜副政委、谢成志参谋长、王复社主任、廖辉主任、成关俊处长、刘长岁营长、王绍伦教导员、冉光辉股长等领导的培养与指导，一并表示深深的感谢!

在百年未有之大变局背景下，各种思想相互交织与影响，能否坚定正确的政治方向，能否遵循历史与自然客观规律，事关每个人的成长与幸福。我们更应该加强对历史的总结与借鉴，更应该自觉加强自身修养，提高自身的综合素质，才能更好地抓住机遇，顺势而为。一个人、一个家庭、一个组织乃至一个国家与民族，其长盛不衰的根本就是文化。早在2500多年前春秋战国时期孔子就提出“自强不息，厚德载物”的文化思想，文化是一个民族的根与魂，无论时局如何变化，无论世事如何发展，宇宙是一片全息的信息海，因果定律早已客观存在，如今以习近平同志为核心的党中央提出构建人类命运共同体，这就需要我们要以更加开放包容、更加积极向上向善、更加虔诚地继承和发扬优秀中华传统文化，用古圣先贤的智慧去滋养生命，给生命注入更强的活力，给人生增添更大的能量，用人类的文明与智慧成就我们的精彩人生，让我们的生活过得更加幸福，使中华民族早日实现伟大复兴的中国梦，永远屹立于世界民族之林。

2009 年 1 月 21 日仲诗湘（左一）、妻子卢百玲（右二）、女儿（前排右三）一家三口与企业家代表去四川汶川北川灾区慰问的场景

2009 年 1 月 22 日仲诗湘（后排右一）与企业家代表去四川绵竹慰问场景

2009 年 1 月 23 日仲诗湘（右四）与企业家代表去四川汶川映秀镇慰问的场景

2009 年 1 月 24 日仲诗湘（左三）与企业家代表去四川江油灾区慰问的场景